AF501867

LES DROITS

DU PEUPLE

SUR L'ASSEMBLÉE NATIONALE.

LES DROITS
DU PEUPLE
SUR L'ASSEMBLÉE NATIONALE.

Prix : 1 liv. 16 sous.

PAR LOUIS LA VICOMTERIE,

Auteur du Peuple et des Rois, et des Crimes des Rois de France.

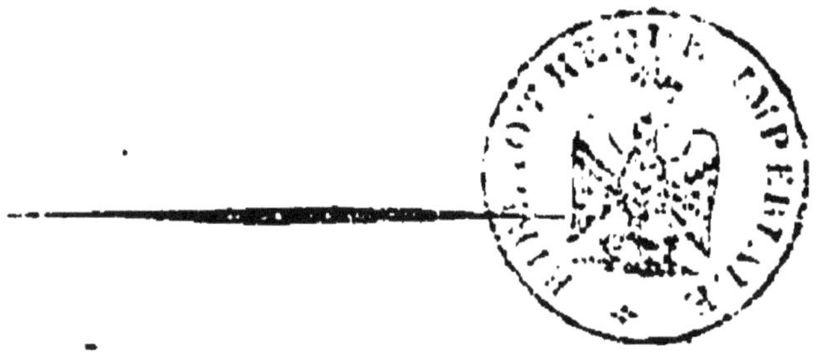

A PARIS,

Paquet, Libraire, rue Jacob, F. S. G. N°. 29.
Petit, Desenne, Libraires, au Palais-Royal.

A LYON,

Chez Prudhomme aîné, rue Mercière.

1791.

AVERTISSEMENT.

Au moment dangereux où les nouvelles élections pour l'assemblée nationale vont se faire, il était important, il était nécessaire d'arracher le peuple à cette obéissance stupide, à laquelle des charlatans veulent l'enchaîner. Il était urgent de lui montrer par les forces de la raison qu'il ne doit obéir qu'à la loi ; que la loi n'est que l'expression de la volonté générale, et non des décrets isolés, solitaires, scandaleux, oppresseurs, frappés de la réprobation publique, du désaveu des peuples, de la haine, de la majorité de la nation. Les Français, courbés sous l'esclavage depuis de longues révolutions, se ressaisissent d'une main faible et tremblante de leur sceptre usurpé par des tyrans. Ils semblent craindre de voir toute leur nullité quand ils les abandonnent : ils traînent encore, en parlant de liberté, de lourds débris des fers qu'ils ont brisés ; des hommes lâchement audacieux et criminels abusent de leur crédulité, et tentent d'en renoder les horribles anneaux. C'est un besoin impérieux, c'est un devoir sacré pour tout citoyen, de leur communiquer des vérités dont l'ignorance a fait tous leurs malheurs, et les livrerait encore à de longues et affreuses calamités.

Qu'après avoir lu cet ouvrage, les ennemis de la patrie ne disent pas avec une joie perfide, que je veux ébranler anéantir la constitution. Les traîtres! Ils savent bien que ce n'est pas le but où tendent tous mes efforts. Non, je n'ébranle point la constitution; je n'attaque que de faux principes qui s'opposent à sa confection, qui la détruiraient dès sa naissance, s'ils étaient adoptés. Ce n'est point détruire, c'est choisir les matériaux éternels de l'édifice, sur lequel doit reposer le bonheur ou l'infortune des générations. C'est l'asseoir sur du bronze; c'est préférer à du sable mouvant des rocs dont les fondemens touchent au centre du globe. Mais, d'un mot, réduisons au silence ces ennemis des peuples; ces ennemis de toute constitution, de tout ordre, de toute liberté. Faisons pâlir, faisons taire ces esclaves avilis, qui soupirent après le retour de la servitude, ces esclaves qui, tout flétris du joug qu'ils ont porté, encore tout marqués, horriblement défigurés par des cicatrices profondes et sanglantes, redemandent de nouveaux fers. Plaignons ces forçats stupides, méprisons ces criminels enchaînés au milieu des citoyens libres, oui, libres désormais : la race des tyrans et des esclaves périra, et les Spartiates, les Romains, les Français resteront.

Mais si mes sentimens pouvaient paraître douteux, je déclare que la constitution est le seul point où doivent se rallier tous les bons citoyens; mais je soutiens qu'elle n'est toute entière que dans la déclaration des droits de l'homme. Je soutiens que tous les décrets qui ne l'auront pas pour base seront ruineux; je soutiens que tous ceux qui sont dans une contradiction manifeste avec elle, doivent être anéantis par la législature suivante. C'est de cette reconnoissance immortelle que partira la masse des lumières qui doit éclairer, dévoiler les forfaits des conjurés. Je crois que ce n'est pas ébranler la constitution que d'adopter les principes eternels sur lesquels elle repose, sur lesquels elle doit être appuyée, qu'ont reconnus, qu'ont promulgués les seuls législateurs, les vrais défenseurs du peuple; que ses ennemis vaincus par sa puissance furent obligés d'avouer, de reconnaître dans les momens trop courts, où tout Français ambitionnait le nom de citoyen, ou voulait le paraître. Les circonstances ont bientôt changé, mais les principes sont restés. Ils font leur eternel désespoir. Ils voudraient bien que cette déclaration n'existât pas, ou ne fût encore qu'éparse dans les ouvrages des philosophes et des sages. Graces immortelles soient rendues au législateur, qui le premier a eu l'idée de faire cette reconnoissance des droits imprescriptibles et inaliénables de l'homme; qui le premier a proposé de la tirer du chaos où elle était ensevelie. Lui seul a plus fait pour le bonheur des peuples, pour la constitution, pour la liberté, que tout l'aréopage ensemble. Ce sont ces décrets que n'atteindront point les tyrans, les révolutions morales; ce sont ces vérités primordiales que les hommes reconnaîtront tant qu'ils conserveront une étincelle de l'esprit incréé répandu dans l'univers. J'ignore le nom de celui qui l'a proposé; mais je sais et je rappelle aux Français qu'un Mirabeau s'y opposa; qu'il voulait faire remettre à la fin de la constitution ce qui doit lui servir de base inébranlable. Quel excès d'ignorance, ou plutôt quelle indigne perfidie!

Faire remettre à la fin de la constitution la source d'où découlent des vérités éternelles, dont l'oubli, le mépris a causé les malheurs publics, la dépravation des gouvernemens, a produit tous les crimes, des vérités méconnues, foulées aux pieds, qu'on ne pouvait trop tôt arracher des décombres de cent siècles tombés, écroulés, entassés sur des siècles; des vérités qui doivent rendre aux Français leurs droits indignement violés, usurpés, volés par des tyrans.

Jamais les républiques, les états, les empires, qui se sont élevés, dont les loix ont le plus retardé la ruine; jamais la Chine, l'Inde, Athènes, Sparte, Lacédémone, Rome, Carthage, n'auraient pu, toutes ensemble, faire de constitution plus parfaite que celle que cette déclaration des droits de l'homme promettait à la France. Quel génie ennemi, quel démon corrupteur a donc contaminé le plus bel ouvrage que jamais législateur, roi, consul, pontife ou citoyen ait pu concevoir?

L'or, l'or a tout fait. L'or, avec qui l'on peut tout avoir, excepté la liberté, a tout corrompu. C'est du fer qu'il nous faut pour lui opposer, pour la conquérir; c'est là la seule conquête dont tout Français doit être jaloux; reprendre sur d'indignes et absurdes tyrans des droits éternels, des droits ravis à nos ayeux, des droits dont la trace avait été effacée dans leur sang, est le plus saint des devoirs. Oublier leurs outrages, leurs forfaits, être généreux, leur pardonner, s'ils se soumettent, être inexorables, les immoler s'ils font résistance, est la loi impérieuse de notre sécurité, est la loi sacrée à qui nous devons obéir. C'est là mon dernier mot. Mais, amis, frères, concitoyens, ils ne se soumettront pas; il nous forceront d'anéantir leur race impie. Peuple bon, peuple confiant, peuple crédule, tu as cru tes ennemis vaincus tu as plusieurs fois chanté victoire; et des larmes de sang ont souillé tes prétendus lauriers; l'assemblée nationale a relevé les conjurés; a relevé le monstre que tu avais terrassé, que tu avais abattu. Ton sang coulera encore sous sa dent meurtrière: mais tu seras victorieux. Je verrai, comme dans les sables brûlans de l'Afrique, comme au pied du Numide, le tigre écumant, les flancs entr'ouverts, se débattant, se roulant, expirant sous tes coups.

Tu as chanté victoire, et j'avoue que la victoire était à toi, jusqu'à la funeste loi martiale, loi, que des tyrans de la morale ont prise dans le fatras barbare que les Anglais appellent leur constitution ; nous parlerons dans le corps de cet ouvrage de cet outrage sanglant fait à l'humanité.

Tant que le pouvoir exécutif, tant que quelques satrapes dicteront les décrets, tant que les législateurs ne diront pas ; l'individu n'est rien pour nous, c'est pour le général, c'est pour la nation, c'est pour la masse, pour le bonheur unique du peuple que nous travaillons ; tout citoyen doit rassembler ses forces, pour briser les fers qu'on lui prépare.

Si ce principe éternel de la morale et des loix était gravé dans l'esprit et dans le cœur de tous les membres de l'assemblée, ils auraient profité de toute sa puissance qui les environnait, pour déployer ses droits, pour former un code auguste, la consolation de la génération présente, l'espoir des races futures et l'effroi des tyrans ; un code dont la durée eût été par delà celle des livres de *Thaut*, *d'Hermés*, *de Confutzée*, *de Brama*, *des Zoroastres* et des évangiles de toutes les nations ; ils auraient formé un recueil vraiment sacré, qui, à l'aide de l'imprimerie, aurait duré autant que la morale, aurait été éternel.

Ils auraient épargné des années d'une guerre sourde, cruelle, intestine ; ils auraient épargné peut-être des flots de sang qui sont prêts à couler sur nos frontières ; ils auraient épargné peut-être bien des regrets et des crimes à Louis XVI ; ils auraient épargné bien des morts tragiques, en laissant le peuple montrer, déployer sa majesté ; sa puissance : mais ses ennemis ne la connaissent pas encore ; ils osent lutter contre lui, l'irriter, l'appeler à la vengeance.

Louis XVI, mesure de l'œil l'abîme que ces forcenés ouvrent sous tes pas ; ils te redisent sans cesse qu'on te dépouille ; ces lâches conjurés ne veulent qu'unir leur cause à la tienne ; ils jurent de t'obéir : mais apprends que c'est pour enchaîner. Nul homme, quelque abject qu'il soit, ne regrette véritablement la servitude. Songe que la nation ne peut être injuste envers toi. Tout ce dont tu jouissais, toi, ou tes ayeux l'avaient usurpé, tout ce dont tu jouis encore, tu ne le dois qu'à elle, qu'à sa générosité; ce n'est que depuis la liste civile que tu peux prétendre posséder équitablement; mais apprends que la nation, toute puissante envers ses membres et toujours juste, te dépouillerait de tout le faste qui t'environne, que tu ne pourrais t'en plaindre, que tu devrais obéir sans murmure. Mais songe à tout ce qui te reste, songe qu'ils voudraient te faire troquer le lot immense que tu possèdes encore, contre au moins l'incertitude de recouvrer ce dont la nation s'est ressaisie, ou plutôt contre la certitude de malheurs épouvantables.

Je les ai entendus répéter que ce *Hugues* que tu représentes avait apporté beaucoup de duchés, de comtés, de baronies à la couronne, lorsqu'il usurpa le trône. A qui fait-on croire ces plats discours d'esclaves ignorans et de tyrans subalternes? Ne sait-on pas qu'un captif, traîné du fond de la Saxe sur les bords de la Seine par

Charlemagne, ne pouvait rien avoir en propre, et c'est de ce Saxon qu'il descendait, et que tu descends; et qui ne sait que les duchés, comtés, baronnies n'étaient point héréditaires avant *Hugues*, surnommé *Grosse-Tête*; que ce fut lui, pour consolider son usurpation, qui les rendit tels; qu'il était l'arrière petit-fils de ce sauvage? Songe que ce qui te reste chez les Gaulois est encore assez beau; que le descendant d'un captif, qu'un étranger, qu'un Saxon doit trouver que la fortune n'a pas été cruelle.

Je te dénonce, comme tes plus grands ennemis, les lâches qui veulent te faire jouer ta couronne et tout ce que tu possèdes contre du sang répandu. Ils sont dépouillés de tout ce qui flattait leur avarice et leur orgueil : ils ont perdu le droit barbare de ne rien payer pour les besoins de l'état, et de faire payer le peuple; ils ont perdu leurs titres si vains, si ridicules; je conçois leurs fureurs : mais réfléchis que tu es plus riche que tu ne l'as jamais été. La nation a eu la bonhomie de payer tes dettes, et nos dignes mandataires t'ont accordé quatre fois plus qu'il ne te faut, qu'il ne t'est dû; j'espère que la seconde législature n'aura pas le froid enthousiasme qu'ils signalèrent le 9 juin à la lecture de ta lettre, où tu traças le décret qui t'adjugea environ trente-cinq à quarante millions pour ta dépense.

J'espère que, lorsque les armoiries gothiques sont détruites par toute la France, que toi, qui dois donner l'exemple comme premier fonctionnaire public, tu ne les conserveras pas au mépris de la loi qui les abolit; qu'elle t'atteindra comme les autres citoyens, et que la partie de la loi qui t'excepte de la règle générale, n'étant appuyée sur rien, que sur une condescendance de vrais esclaves, sera abrogée; s'il en était autrement, tu justifierais les plaintes de cette cohorte si vaine et si boursoufflée qui t'environne: car tu es, plus qu'aucun autre, sujet de la loi, qui doit être générale, ou elle cesse d'être loi; et pour la faire exécuter, tu dois y obéir, tu dois le premier, t'y conformer:

je ne croirai que tu es véritablement restaurateur de la liberté, que quand je te verrai renoncer à cette distinction puérile, que quand tu uniras ta voix à celle de tous les citoyens, pour demander la réforme de tous les décrets spoliateurs et barbares qui l'attaquent dans son principe; mais je ne saurais l'espérer.

J'entends de lâches hypocrites, d'impitoyables imposteurs, je les entends crier que le peuple se serait porté à des barbaries inouies, si on ne l'avait arrêté par une loi terrible. Discours d'insensé, de stupide ignorant. Lâches décisions des tyrans de l'île *Ingland*, de l'île *Briten*. Il n'eût été barbare que par une résistance féroce; mais qu'on lui eût rendu ses droits violés, foulés aux pieds avec tant d'audace et de lâcheté; qu'on lui eût rendu la liberté, l'égalité de la nature, à laquelle tout homme a droit de prétendre, vous l'auriez vu se livrer à la douceur, à la bonté qui font les bases de son caractère. Pour croire qu'il se serait porté à des cruautés inutiles, il ne faut pas le supposer homme, mais une bête farouche, un tigre impitoyable.

C'est vous qu'une dépravation morale, a rendus à son égard barbares sans pitié; c'est vous, tyrans, qui avez insult éà ses privations, à sa misère, à ses tourmens, à ses larmes cruelles; c'est vous qui, parce que vous avez joui de tout, que vous avez abusé de tout, que vous avez tout violé, tout enfreint, c'est vous qui prétendez devoir abuser encore, qui voulez rester ses tyrans, parce que vous l'avez été depuis des milliers d'années. Hommes atroces et stupides, descendez donc en vous-mêmes, faites un retour sur votre existence, dont vous ne vous êtes jamais avisés; et toi faquin, soi-disant décoré, isole-toi pour un instant de tout cet appareil imposteur qui t'environne, remonte jusqu'au moment de ta naissance, et descends jusqu'au point où tu rampes avec orgueil sur les marches du trône; voyons si tu as reçu de la nature un sens seulement, un atome dont il soit privé. Helas! Je te vois, comme lui, nu, rampant;

comme lui entrant dans la vie au milieu des cris et des tourmens; je te vois comme lui au-dessous des autres animaux, je te vois comme lui, au milieu des besoins de toute espèce, je vois ton berceau, comme le sien, baigné de larmes; je te vois comme lui, au moment de ta naissance, déchirer le sein, les entrailles de ta mère; je te vois comme lui en butte à tous les élémens, je te vois les mêmes organes; je te vois comme lui la proie des douleurs du corps & de l'ame; je te vois enfin naître, vieillir et mourir comme lui. Eh! quelle est donc la différence entre deux êtres à qui je vois les mêmes sens, les mêmes besoins et les mêmes destinées! Tu jouissais, dis-tu, de distinctions, que des usages, des conventions avaient formées. Lâche imposture! Il n'est point de convention entre l'oppresseur et l'opprimé, entre le tyran et l'esclave. Ces prérogatives, ces priviléges odieux furent établis par des barbares, furent imposés par le fer, par le feu, sur les cadavres fumans de nos ayeux, au milieu de la désolation, des ruines, des larmes, de l mort, que de farouches brigands semaient sur leurs pas. La raison, l'équité, la morale et la nature qui sont avant tout, la sagesse impérissable, la puissance de la nation les anéantissent.

Songe, apprends, retiens bien que tout s'élève et tombe. Les Romains détruisent l'affreux gouvernement des *Druides*, qui immolaient les enfans des *Welches* dans des mannes d'osier; un scélérat un Clovis, échappé avec vingt mille bandits des marais, des forêts de la Germanie, chasse les Romains, et réduit en servitude ces malheureux Welches, ou Gaulois; un *Pépin*, autre brigand, descendant de je ne sais quel *Ausberg*, usurpe l'empire sur les héritiers de cette dynastie de barbares; un *Hugues Capet*, arrière petit-fils d'un *Vuidichiud* ou *VuidiKinq*, esclave de *Charlemagne*, prend hardiment la couronne, arrache son sceptre à ses descendans, et s'assied au milieu des deux derniers rois qu'il avait empoisonnés. Les héritiers de ce dernier ont fait une assez belle fortune. Cette race, dans laquelle il y a eu tant de grands rentrera dans l'oubli, sans que le philosophe en soit étonné, et sans qu'elle ait droit de s'en plaindre; et même, on le prédit sans être prophète, par la règle eternelle qui régit l'univers.

Si nous remontons plus haut, nous voyons un descendant des fameux *Gracques*, réduit à porter, sur son dos, une malle, du temps de Tibère.

Un fils de *Persée*, dernier roi de Macédoine, tombé du trône, et réduit à rédiger les actes d'un dépôt des archives à Rome.

L'empereur *Porphirogenète*, obligé de vivre du travail de ses mains.

Un comte de *Chester*, de la maison de *Lancastre*, demandant l'aumône en Flandre, du temps de Louis XI.

Un descendant des empereurs de Constantinople, un Paléologue la demandant, dans le dernier siècle, à Venise.

Christierne IV, roi de Danemarck, *Bajazet*, empereur d'Orient, Charles Ier. et Jacques, roi d'Angleterre, et beaucoup d'autres sont morts dans l'obscurité, dans l'esclavage et dans les supplices.

Ceux-ci sont tombés, d'autres se sont élevés.

Agathocle, roi de Sicile, était fils d'un potier.

Auguste étoit fils d'un boulanger, d'autres disent d'un banquier.

Vitellius était fils d'un savetier.

L'empereur *Pertinax*, d'un faiseur de briques.

Probus d'nn laboureur d'Esclavonie.

Aurélien, d'un fermier du sénateur *Aurelius*.

Dioclétien, fils d'un affranchi.

Maximin, qui disputa l'empire, avait gardé les troupeaux en Thrace.

Théodose III, de traitant, devint empereur.

Mahomet, de misérable conducteur de chameaux, a fondé un empire et une religion, qui gouverne une grande partie de l'Afrique, de l'Asie, et une portion de l'Europe.

Les pontifes *Aléxandre* V, *Urbain* IV, *Jean* XXI, *Benoît* XI, *Pie* V, *Adrien* IV, *Sixte* V étaient d'une naissance fort obscure.

Iphicrate, général des Athéniens, était fils d'un cordonnier.

Cléon, autre général des Athéniens, avait été corroyeur.

Eumène, grand capitaine du temps d'*Alexandre*, étoit fils d'un voiturier.

Varus, consul, était fils d'un boucher.

Marius fils d'un fourbisseur, &c. &c.

En se rapprochant du temps où nous vivons.

Olivier, le diable de barbier de *Louis XI*, devint comte de Meulan.

Le cardinal de *Balüe*, sous le même tyran, était fils d'un meûnier de Verdun.

L'abbé *Suger*, les cardinaux *Ximénès*, et *Martinusius*, de simples moines, devinrent non seulement premiers ministres, mais régens; le premier de la France, le second de l'Espagne, et le troisième de la Hongrie.

Jacques Amiot, grand aumônier de France, était fils d'un corroyeur de Melun.

Colbert était fils d'un marchand de vin de Reims, tenant boutique à l'enseigne *du Long-vêtu*.

Pierre *Landais*, ministre absolu sous François II, duc de Bretagne, était fils d'un tailleur.

Le cardinal *d'Ossat*, sous Henri III et Henri IV, avait pour père un maréchal de village, etc. ect. etc.

Eh! pauvres humains, si fiers, et si ridicules, vous êtes tous égaux en tombant des mains de la nature; vous êtes tous égaux en rentrant dans son sein; vous êtes tous égaux aux deux grandes époques qui marquent, qui circonscrivent votre existence.

Je ne connais pas d'idée plus sublime, plus funèbre et plus philosophique, que celle de *Saladin*, soudan d'Egypte, qui mourut à Damas le 4 mars 1193, vainqueur des indignes chrétiens croisés, et de l'Orient. Il touchait à ses derniers momens; il ordonne qu'on déploie pour étendard le linceuil dans lequel on allait l'enseveli, qu'on le promène dans la ville, avec un héraut qui criait: voilà tout ce que *Saladin*, vainqueur de l'Orient, emporte de ses conquêtes et de ses trésors.

Leçon tardive et terrible à tous les rois, à tous les conquérans, à tous les hommes. Osez après cela, petits tyrans de l'agriculteur, ridicules oppresseurs de quelques arpens de terre, osez regretter vos absurdes droits féodaux, osez réclamer, vanter encore ce que vous appelliez vos titres; qui forgiez des parchemins bien enfumés et tout nouveaux, pour obtenir l'exécrable honneur de descendre d'un brigand, d'un assassin ! Les gouvernemens si mal ordonnés livrent à l'intrigue, aux crimes, les emplois les récompenses qui ne sont dus qu'aux talens, à la vertu; le hasard, ou ce qu'on appelle ainsi, qui n'est que le concours des circonstances calculables, met seul une différence apparente entre vous, entre vos malheurs; car, consolez-vous, hommes infortunés, vous êtes aussi près, et plus près du bonheur, en étant plus près de la nature, que ces hommes dont l'orgueil fait bien du fracas, qu'un sultan caché dans le fond de son *harem*; ils souffrent et pleurent comme vous.

Toutes ces différences, ces conventions ridicules et barbares ne ſont pas un titre pour le bonheur, ne peuvent étouffer la nature. On ne peut preſcrire contre ſes droits irréfragables, impreſcriptibles; une mite, un atome dans la maſſe des êtres, qui un inſtant ſort du néant, ou du moins de la maſſe inanimée, que l'inſtant qui ſuit y fait rentrer, et engloutit peut-être pour jamais, qui pendant cet inſtant eſt en proie aux douleurs du corps et de l'ame, cet atome condamné à ſouffrir, à pleurer, veut régner ſur atome, le tourmente, l'aſſaſſine. Eh! Malheureux écraſés par les loix fatales de l'univers, employez à vous ſecourir les reſſorts que vous faites mouvoir pour vous opprimer; perfectionnez, calculez la morale, et diminuez la maſſe énorme des maux qui vous aſſiégent, & ne mêlez plus votre ſang à vos larmes.

Cédez à la nature, aux lumières qui ont vaincu les tyrans. Français, ô mes concitoyens, ô mes frères, reſſouvenez-vous que l'ignorance a fait tous vos malheurs.

Ne croyez pas à ces plats tyrans, à ces avares & indignes légiſtes, qui voudraient vous replonger dans les ténèbres & dans les fers. Je déteſte les oppreſſeurs antiques, je déteſte les rois; mais froids tyrans, charlatansde deux années, je vous déteſte encore plus.

Les rois sont du moins excuſables, ils n'ont pas vu leur origine, et la plupart, gonflés et ſtupides, croyaient de bonne foi être d'un autre limon que le reſte des peuples, croyaient être au-deſſus de la nation, qu'elle devait l'obéiſſance à leurs ordres individuels; mais vous, qui ſortez aujourd'hui du milieu de vos concitoyens, qui en ſortez à leur voix, qui y rentrerez demain, de quelle audace, de quel front oſez-vous leur parler en maîtres, oſez-vous commander quand la loi vous condamne? C'eſt joindre le ridicule à l'outrage, & de toutes les tyrannies, c'eſt la plus révoltante.

Quand je vois de petits municipes, tout fiers de par leur écharpe, qu'ils tiennent de la main du peuple, méconnaître ſa puiſſance, fouler aux pieds ſes droits, outrager, trahir leurs commerçans, quand je les vois ſe faire valets des tyrans, quand je les vois diſputer de baſſeſſe, de perfidie aux Séjans, aux Narciſſes, je ne peux m'empêcher de m'écrier; à quels plats imposteurs la France eſt abandonnée!

Je vais révéler une vérité à tout mandataire du peuple, à tout écrivain, à tout journaliſte, qui s'est vendu après avoir ſervi ſa patrie; qu'ils apprennent donc, qu'ils en ont trop fait pour être innocens, pour être épargnés, ſi le deſpotiſme reprenait ce qu'il a perdu; qu'ils sachent que la cour des rois eſt inexorable, qu'elle ne pardonne jamais; que quand on a tiré le glaive avec les tyrans, il ne faut le remettre dans le foureau qu'après qu'ils ſont exterminés; les comités soudoyés seraient les premiers qui ſentiraient les effets de leur indigne fureur. Ils ſe reſſouviennent d'avoir été obligés de les acheter à grands frais, ils ſe reſſouviennent de tout le mal qu'ils en ont reçu, avant de les avoir à leur diſpoſition. Que tout représentant, que tout fonctionnaire public pense à sa propre sécurité. Je ne leur parle plus au nom de la patrie, ce n'est qu'un mot pour eux : qu'ils pensent à Jean Desmarais sous Charles VI ; qu'ils se ressouviennent de la fin tragique du duc de Guise & de son frère, assassinés à Blois par ordre de Henri III, &c. &c. qu'ils lisent enfin l'histoire de tous les peuples, & qu'ils disent si les rois savent pardonner.

Ils ne reste donc, à tout homme qui s'est montré citoyen, que de l'être sans cesse ; il ne reste donc à tout écrivain qui a servi et trahi sa patrie, tour-à-tour, que de revenir au plus tôt sous ses drapeaux. Je ne parle pas à ces grands scélérats qui ont porté l'audace et la perfidie à son comble, qui ont porté les coups les plus terribles à la liberté ; leur retour ne serait qu'un jeu barbare, & un attentat de plus. Ils sont montés à un point où il faut que leur tête tombe sous le bras du despotisme, ou sous le fer des loix. Il n'y a ni retour ni pardon pour eux : la cour les punirait de l'avoir servie ; & le peuple, indigné de ce qu'ils ont vendu ses droits, la preuve en main de leurs forfaits, demandera leur supplice.

Les millions que cette cour jette au milieu d'eux, pour assouvir leur voracité, ne sont pas perdus, si elle peut venir à bout de son plan toujours oppresseur, toujours tyrannique, toujours usurpateur des droits sacrés de la nation. Elle ne peut y réussir, si les bons citoyens restent unis; si cette masse imposante & terrible de forces, de lumières, est dirigée par un effort commun, n'est employée qu'à servir la liberté. On verra de plus en plus son affreuse nudité, on verra ce fantôme de pouvoir s'évanouir, tomber dès que le peuple l'abandonne, dès que la nation, à qui on osait dire qu'on ne tenait l'empire & le trône que de *Dieu et de son épée*, déploie son énergie, sa puissance; blasphêmes contre les peuples, blasphêmes adorés à genoux par des hommes abrutis, dégradés, l'empreinte, le sceau de l'esclavage sur le front. Tyran, si c'est de la part de Dieu, de la nature dont tu foules aux pieds les loix, que tu portes la couronne, que tu me ravis les dons les plus précieux que j'aie reçus d'elle, qui sont la liberté, l'égalité, montre-moi l'ordre qu'elle doit t'avoir donné; si tu n'obéis, tu n'es qu'un imposteur, qu'un lâche déprédateur de ses bienfaits éternels. Si c'est par ton épée, ta possession n'est qu'un outrage sanglant. Ce sont donc les forfaits, le sang des peuples, qui l'ont affermie sur ton front! Eh! s'ils n'étaient généreux, ils devraient punir, exterminer le monstre furieux, qui ose leur faire cet horrible aveu; la première partie de la possession que tu vantes n'est qu'un ridicule insensé; la seconde est une insulte réelle et barbare envers Dieu & les hommes. Oui, tyrans, usurpateurs, il est trop vrai, vous ne tenez le sceptre & le trône où vous êtes assis, que des mains de l'artifice, de l'ignorance, de l'abrutissement ou de la férocité, de la destruction, du vol à main armée, des embrâsemens, de la mort, des ruines, de la guerre. Exécrables forfaits ! dépravation inconcevable ! Quoi ! on érige en droit l'anéantissement de tous les droits ; on érige en droit le brigandage, l'invasion par le meurtre, par le fer, par le feu ! On ose prononcer, on ose dire, *le droit de conquête !* Barbares, absurdes insensés, & malheureux humains, jusqu'à quand ne prononcerez-vous que des mots ? La conquête n'est qu'un vol sanglant, n'est qu'un grand assassinat des peuples. Si les Gaulois n'avaient pas été vaincus, désarmés par les Romains, ils ne se seraient pas laissés subjuguer par vingt mille brigands des bords du *Mein*, de la *Meuse* & du *Rhin*, eux qui avaient résisté pendant plus de dix années aux farouches vétérans de Rome ; ils auraient dû livrer au fer du bourreau la tête du barbare *Clodvic*, & des principaux chefs de cette armée de scélérats ; mais les droits de l'homme étaient méconnus des farouches vainqueurs & des malheureux vaincus. Aujourd'hui, j'invite tous les peuples fiers, généreux, amoureux de la liberté, à faire tomber la tête du premier tyran, qui mettra un pied ennemi ſur leur territoire, ſi le deſtin le livre entre leurs mains.

Dans *les Crimes des Rois*, j'ai attaqué la tyrannie, le deſpotiſme héréditaire. J'ai ébranlé leurs affreux autels. J'attaque dans cet ouvrage des oppreſſeurs de deux années, qui veulent raffermir par de prétendues loix la cauſe de vingt ſiècles d'attentats. J'ai dû renverſer ces petits deſpotes éphémères dont l'audace égale la courte durée de leur exiſtence. L'édifice ruineux et barbare de la monarchie, ou du deſpotisme, car c'est la même choſe, avait été abattu, terraſſé par les Français, qui ne s'attendaient pas, quand ſa chute fut le prix de leur ſang, à voir relever ſon horrible coloſſe ſur des décrets prétendus conſtitutionnels. Il exiſtait ; mais ſon exiſtence n'était qu'une dépravation morale, n'était qu'un abus criminel de la force de tous, iſolée ſur la tête d'un ſeul. L'ignorance, les ſiècles, la barbarie, avaient cimenté l'exécrable puiſſance qui les écraſait ; mais la meſure de ſes forfaits était comblée ;

chaque pas, ſes excès, chaque nouvel attentat ne faiſaient plus qu'avancer ſa ruine. Depuis long-temps le moment de l'exploſion était attendu ; le peuple n'avait rien encore, parce qu'il ignorait ſa puiſſance, à oppoſer aux crimes de la cour, ſa volonté, ſes caprices, ſes cruautés étaient la charte le diplome, la conſtitution où venaient mourir ſes réclamations, ſes plaintes, ſes ſoupirs, ſes cris & ſes larmes : mais la tyrannie ſous laquelle les peuples gémiſſaient n'était point rédigée en code ; on ſavait que ce n'était qu'un uſage féroce & immémorial, un abus énorme de la force de ſes tyrans ; tout homme en qui la ſervitude n'avait pas briſé le reſſort de la nature le voyait, le ſavait, et eſpérait d'être vengé. Juſqu'aux agens les plus diſſolus de cette cour tyrannique, livrée à tous les ſcandales, ſi féconde en attentats, la voyaient rouler vers ſa perte inévitable..

Peuples, n'oubliez pas qu'elle a fait périr depuis quinze cents ans plus de cent millions de Français par les guerres injuſtes & forcenées, dans les cachots, par les aſſaſſinats particuliers & juridiques, par les empoiſonnemens, en déchaînant les peuples l'un ſur l'autre, tantôt les proteſtans contre les catholiques, tantôt les catholiques contre les proteſtans. Craignez cette cour, où la vertu eſt ſi rare, & la ſcélérateſſe ſi commune. Ne vous défiez jamais tant d'elle, que quand elle vous paraîtra dans un calme perfide; défiez-vous de ſes indignes careſſes, de ſes funeſtes préſens. Peuples, veillez ſans ceſſe ſur vos départemens, ſur vos directoires, ſur vos municipalités; prenez garde qu'on ne faſſe avec eux des concordats impies. Vous avez encore des combats à livrer pour obtenir la jouiſſance entière de vos droits, & vous ne pourrez les conſerver qu'en en livrant encore, ou du moins qu'en veillant ſans ceſſe. Protégez de votre puiſſance ſouveraine la liberté de la preſſe; c'eſt elle qui à déjoué & déjouera tous leurs projets. Que le fer de la loi frappe le tyran & l'esclave qui s'uniraient pour lui porter quelque atteinte.

On ne ſaurait trop répéter cette vérité;

que la France a fait un pas vers la liberté, au moment que l'art admirable de l'imprimerie y fut apporté par des Allemands en 1474; & toi, homme estimable qui le met en pratique, ressouviens-toi, que pour les remercier, n'oublie pas que tel était l'état déplorable où l'ignorance nous avait réduits, que tel était l'abrutissement, que des pédans, en bonnet quarré, appelés *Docteurs ès-loix*, voulaient condamner à être brûlés comme sorciers, ces hommes à qui la France, au défaut de leur patrie, doit élever des statues.

Qu'il serait beau pour elle de venger de quatre siècles d'indifférence, d'oubli, de placer au haut d'une colonne élevée à la liberté le nom de *Jean de Cuttemberg*, qui fit à Maïence en 1450 les premiers essais typographiques, & ceux *d'Ulric Gering*, de *Mathieu Crans*, & de *Michel Fribulger*, qui apportèrent ensuite à Paris cet art qui éternise tous les chef-d'œuvres, toutes les productions. Cette découverte a rendu seule le génie immortel. Jusqu'alors soumis aux loix fatales de la nature,

le

le génie a péri, & ne périra plus ; vérité qui peut faire croire à la chute totale des tyrans, & à l'existence éternelle de la liberté. Il n'y a que les ames passionnées pour la vérité qu'elle fait découvrir qui veulent être libres : faisons donc aimer la vérité, en la montrant armée de toute sa force, révêtue de tous ses charmes. Eclairez l'univers, & l'univers sera libre.

Les clameurs qu'on jette contre la libre expansion des lumières, sont les cris des tyrans épouvantés. Les brigands, les assassins cherchent les ténèbres ; l'homme vertueux ne cherche que le jour : la calomnie ne l'ébranle, ne l'atteint jamais ; elle ne fait fortune que quand le flambeau de la verité est éteint, ne peut pas la confondre. Laissez donc la liberté de la presse éclairer tous les forfaits. Les scélérats craigent la médisance, & non la calomnie. Eh ! quand les dangers de tout imprimer seraient aussi réels qu'ils sont faux & illusoires, est-ce un titre pour en arrêter la marche bienfaisante ? Mais les dangers sont nuls pour les gens de bien, &

n'exiſtent que pour les coupables. Doit-on éteindre le feu, parce qu'il lance la foudre? Doit-on laiſſer le fer dans les entrailles de la terre, parce qu'on en forge des poignards ? S'il arme des mains barbares, apprends homme ſtupide, qu'on en fait le ſoc de ta charrue.

Eſt-ce la liberté de la preſſe qui a fait commettre les attentats de tous les ſiècles, qui a couvert la France, l'Europe entière, d'oſſemens, de deuil, de mort, de larmes, de ruines; non, non, tyrans, non, non, déprédateurs, non, non, aſſaſſins des peuples: l'imprimerie n'y fut connue que dans le milieu du quinzième ſiècle, & les temps qui l'ont précédée ont été auſſi horribles que ceux qui l'ont ſuivie. Les oppreſſeurs politiques & religieux la pourſuivirent avec barbarie, firent périr de faim dans les cachots, immolèrent dans les places publiques, brûlèrent, rouèrent, tenaillèrent ſans pitié les malheureux qui voulurent en faire uſage, qui voulurent éclairer leurs contemporains.

Jamais Coligny n'eût été aſſaſſiné, jamais deux cent mille Français n'eussent été massacrés dans la nuit de sang de la Saint-Barthélemi, si le secret exécrable de la cour de Médicis eût pu être rendu public par l'imprimerie, si elle eût sonné l'alarme ; car Coligny fut averti : il ne donna pas assez de confiance à ces bruits populaires. Ne les méprisons jamais, ou la mort suivra notre fatale sécurité. Un garde du corps de Charles IX le blessa à la main deux jours auparavant d'un coup d'arcquebuse, tiré d'une fenêtre du louvre. Le roi jura de poursuivre l'assassin, & lui fit donner un cheval pour s'enfuir. Jamais cette nuit des enfers, cette nuit de mort n'eût couvert la France, si elle eût pu divulguer le dernier complot tenu aux tuileries entre le roi, la reine mère, les ducs d'Anjou, de Nevers, de Rets, de Tavannes : si cet indigne conseil d'assassins eût redouté la publicité qu'eût pu donner à leurs forfaits la liberté de la presse; Si il eût craint que le peuple éclairé sur leur trâme infernale, au lieu de se laisser égorger, ne prenant conseil que du malheur, de la néceſſité, du déſeſpoir, ſe livrant à une inſurrection vertueuſe, eût traîné à la grève toute cette cour abominable. Peuples, la liberté de la preſſe eſt le frein des ſcélérats couronnés.

Si elle eût exiſté, elle eût épargné au monde ce crime horrible & nouveau; elle eût épargné l'attentat irrémiſſible de ce Charles IX, qui l'a livré à toutes les furies des enfers, qui l'a plongé au fond du tartare, au milieu de ſon exécrable cour, au milieu de ſa famille ſcélérate & barbare; qui l'y retiendra pendant tous les ſiècles, ou il n'exiſte pas.

LES

LES DROITS DU PEUPLE SUR L'ASSEMBLÉE NATIONALE.

CHAPITRE PREMIER.

Du Peuple et de l'Assemblée Nationale.

Le peuple dépend-il de l'assemblée nationale, ou l'assemblée nationale dépend-elle du peuple? Point de faux-fuyans; il faut répondre. Pour le faire sans ambiguité, définissons.

Qu'est-ce que l'assemblée nationale?

C'est une section du peuple. Qu'est-ce que le peuple? C'est le tout dont elle émane, c'est le souverain qui l'a créée.

La section doit-elle l'obéissance au tout; est-elle sujette du souverain?

Oui, sans doute; ou la partie serait plus puissante que le tout, ou le souverain serait un mot illusoire.

L'assemblée nationale est donc sujette du peuple, lui doit donc l'obéissance, plus qu'aucun autre corps; c'est en morale une vérité aussi claire que le jour. Plus l'emploi qu'il confie, qu'il impose, est important, plus on en doit répondre, plus on dépend de lui.

Après l'assemblée nationale, qui est le plus dépendant, le plus sujet du peuple ? C'est le roi. Ayant en sa garde plus que tous ses autres mandataires, il est soumis à une plus grande responsabilité. La loi ne lui étant confiée que pour la faire exécuter, s'il l'enfreint, loin d'être épargné, son glaive doit être suspendu sur sa tête, prêt à le punir, prêt à le frapper.

Qu'on ne s'étonne point de ces principes. Ils sont grands, ils sont vrais, ils sont éternels, ils écrasent les tyrans; on doit les faire entendre à un peuple fier, généreux, sensible, amoureux de la liberté, qui ne la connaît pas encore, qu'on voudrait par tous les moyens, par tous les crimes, retenir dans l'esclavage.

On voit que l'inviolabilité du roi, que l'inviolabilité des représentans du peuple est une absurdité révoltante, criminelle et barbare.

L'assemblée nationale, cette partie, cette section du peuple, peut-elle lui donner des loix irréfragables ?

Cette seule question est un outrage, est un blasphême contre la majesté de la nation. Elle ne peut jamais que les lui proposer, les présenter à sa sanction. Nul corps existant dans son sein, nul individu, roi, pontife, dictateur, despote ou tyran n'a le droit de les sanctionner, de les ratifier, que sa volonté générale.

Le peuple qui peut tout, ne peut, sans être insensé, consentir à être dépouillé, à être enchaîné; le consentement d'un tel peuple serait nul, s'il pouvait exister. Il ne peut dépouiller les races futures. L'instant où il consentirait à faire un abandon illégitime de ses droits inaliénables et sacrés, serait détruit par l'instant qui suivrait. Le peuple rentre dans tous ses droits pendant la durée mobile et eternelle de tous les instans, de tous les jours, de tous les ans, de tous les siècles, qui roulent, s'entassent, s'effacent et roulent encore.

L'assemblée nationale ne peut, ne doit décréter que l'opinion publique, la volonté générale, parce qu'il n'y a qu'elle qui soit la loi. Tout décret contraire à l'opinion publique n'est qu'une décision isolée, nulle, qui ne doit s'appeler qu'individuelle, eu égard à la masse totale de la nation; l'opinion publique est la majorité des volontés, toute autre définition est sophistique, et attentatoire à l'universalité des opinions, seules souveraines.

L'assemblée nationale ne peut donc jamais exercer les droits suprêmes; non, ils ne résident que dans le tout, dans la masse totale des individus, dans la majorité, la réunion, l'unité générale des opinions, des volontés, des intérêts; dans les droits eternels inhérens au peuple, inaliénables, intransmissibles pour un seul instant. Eh! législateurs tyranniques, décréteurs impitoyables, spoliateurs ignorans ou coupables, vous prétendez les usurper pendant deux années; et les législatures se succédant sans interruption, il en serait dépouillé pour jamais. Que serait-il alors? Que deviendrait-il pendant ce temps funeste? Il cesserait d'être peuple en cessant d'être souverain; la nátion n'existerait plus dans la nation. Elle n'existerait plus dans les villes, dans les campagnes, dans les cités, dans tout l'empire; elle serait isolée dans une étroite enceinte, dans un aréopage de prétendus sages, dans un sénat d'oppresseurs. Vouloir ainsi rétrécir, dégrader, ávilir, le génie imposant, la majesté du peuple, vouloir envahir pour jamais ses droits souverains; c'est le plan le plus audacieux et le plus criminel qu'aient pu concevoir des tyrans.

Tout représentant du peuple qui, averti de l'opinion publique, la foule aux pieds, et propose, fait rendre des décrets destructeurs de sa souveraineté, est plus coupable que tout autre citoyen. L'assemblée nationale ne devant faire que des actes conservateurs de ses droits souverains, que des actes de sujet à l'opinion, à la volonté générale, à la majorité de la nation ; cette réunion réelle et exprimée des volontés lui commande plus impérieusement l'obéissance qu'au reste des citoyens. Elle ne doit en manifester que la rédaction à la masse totale, pour, par le peuple, en dernier résultat, l'improuver ou l'adopter.

Elle ne peut modifier la volonté générale, qui est la loi, et non des décrets isolés, solitaires usurpateurs ; elle ne peut la changer sans se rendre coupable. Si elle l'altère, qui la respectera ?

Si l'opinion publique n'est point décrétée, l'opinion publique casse les décrets. On ne doit aucun égard, aucun respect, aucune obéissance à des décisions assises sur sa ruine; c'est se montrer dignes d'être libres que de renverser d'une main courageuse, intrépide, les fantômes de la vénalité, de la corruption, de l'ignorance et de l'esclavage.

Que les amis de la constitution ne soient point alarmés ; je ne vais ébranler que son simulacre ; je ne touche point aux fondemens, je révère les bases décrétées au moment de la chute épouvantable du despotisme ; eux seuls se soutiendront : je ne frappe que des décrets contradictoires avec leurs principes éternels.

Alors ce n'est point les soutiens de la constitution qu'on attaque, alors ce n'est point l'assemblée nationale qui dicte ces décrets. C'est une troupe de conjurés, de conspirateurs, de tyrans, de factieux mêlés dans son sein, à ce que le civisme à de plus pur.

Nous allons examiner dans le chapitre suivant, si les décrets prétendus constitutionnels sont exceptés de la règle générale. Si ce sont des dieux qui les ont rédigés, respectons leur ouvrage. Si ce sont des hommes, osons les examiner, les attaquer, les détruire. L'obéissance commandée, aveugle, avilit l'esclave et le tyran. Une pareille loi décèle la faiblesse, l'impuissance, la tyrannie du législateur ; une pareille loi est l'opprobre de la morale.

CHAPITRE II.

De la Constitution.

PEUT-ON toucher à la constitution avant un temps déterminé? Peut-on défendre aux législatures suivantes de la changer, même en l'améliorant? Cette défense, ces deux questions ne peuvent être sérieusement faites que par des fous, des esclaves, ou des tyrans; pour les résoudre, il faut encore définir les termes. Quest-ce que c'est qu'une constitution? C'est ce qui établit un empire sur des bases avouées par la morale et la nature; il n'en est pas d'autre. Tout état autrement gouverné a des édits, des ordonnances, des décrets, et n'a pas de constitution. Une constitution est une charte, un diplome, un monument public, où le peuple, où chaque homme peut recourir quand il est opprimé. C'est un recueil de loix qui garantit la vie, la liberté, la sureté, la propriété de tous et de chaque individu: c'est une déclaration solennelle des droits naturels, inaliénables et sacrés de l'homme, sans nulle exception, sans nulle distinction que les talens et les vertus.

Alors un tel acte, un tel contrat entre les peuples est sacré par sa nature, et les hommes ne peuvent consentir à l'enfreindre, à le changer, tant que la raison éternelle sera leur partage, tant que la majorité de la nation ne sera pas en démence; mais si des tyrans donnent le nom fastueux de *constitution* à un amas indigeste de décrets contradictoires, lâchement individuels, posés sur le désaveu de la volonté générale, sur le mépris audacieux de l'opinion publique; s'ils donnent ce nom profané à ce qui enfreint, foule aux pieds les droits éternels de l'homme, ils le prostituent. C'est un saint devoir de briser ce prétendu code, assis sur la ruine du contrat des peuples, assis sur la ruine de la liberté. Une telle constitution n'est qu'un outrage, n'est qu'un fantôme extravagant, oppressif et barbare; une telle constitution n'est qu'un assemblage de forfaits individuels, n'est qu'un assassinat prémédité du pacte social; c'est le plus grand crime que des conjurés aient pu commettre contre la nation, et chaque individu vertueux doit coaliser ses efforts, doit rassembler ses forces pour le faire punir, et épouvanter les scélérats qui combinent son esclavage avec une audace si froide, une cruauté si lâche et si profonde.

Si ces vérités sont frappantes, si on ne peut les méconnaître, la question est éclaircie et résolue. Pour le prouver, il faut qu'on examine la constitution; si cet examen le démontre sans réplique, il faut la réformer. Il n'y a que des ignorans, des fourbes, des tyrans qui ordonnent une obéissance aveugle et stupide.

On ne doit respecter que ce qui porte la sanction, l'aveu de la nation et son salut suprême : on ne doit respecter que ce qui porte l'empreinte irrésistible de la morale invariable, qui nécessite le consentement des peuples, et cela sans contrainte. Oui, citoyens, si elle présidait aux loix qu'on vous prépare, vous pourriez être assurés qu'elles braveraient l'effort des tyrans, les révolutions et les calamités; vous pourriez être assurés que, par sa propre force, la constitution commanderait l'obéissance, serait admirée, enviée de tous les peuples. Il n'est que ce seul moyen de la rendre inébranlable; il ne serait point nécessaire de poser, dès l'entrée, ces loix coercitives, ces loix de barbares, ces loix de sang, qui décèlent leur insuffisance, qui montrent la nullité, l'ignorance mille fois démentie du législateur, et la présence des tyrans : il ne serait point nécessaire de défendre de l'attaquer, de l'enfreindre. Qui pourrait en effet proposer de changer des loix, dans lesquelles le peuple verrait clairement son salut et son bonheur ; car la morale est simple, frappe tous les esprits, commande à tous les cœurs ; car la morale est la raison mise en pratique? Il n'y aurait que quelques individus dépravés qui voudraient vivre de la déception des peuples ; il n'y aurait que des tyrans. Mais ces loix doivent les anéantir, et rendre leur réexistence, leur renaissance impossibles. Il est donc prouvé que, pour qu'on ne puisse attaquer, renverser la constitution, il faut la fonder sur la morale, sur le salut du peuple ; tout autre moyen, tout autre fondement est ruineux.

Défendre de détruire un décret, quand la raison, revêtue de toutes ses forces, l'improuve et le condamne ; défendre seulement de l'attaquer, quand la voix, quand le salut de tous l'ordonne, c'est une tyrannie autant horrible qu'elle est vaine, qu'elle est absurde ; c'est vouloir qu'il soit ouvertement enfreint ; c'est vouloir soulever, armer contre lui tous les ressorts physiques et moraux d'un empire. Une telle défense ne peut partir que d'un législateur ignorant ou coupable ; une telle défense est l'aveu de son crime ou de son impéritie ; une telle défense est l'aveu qu'il ne sait pas conduire les hommes à leurs devoirs, à la vertu par leurs propres intérêts ; une telle défense enfin est l'aveu formel que, dans les deux cas, il est indigne de leur donner des loix. Publicistes des tyrans, législateurs assis sur la ruine des loix, quand vous ne borneriez qu'à six, qu'à trois mois le droit de démontrer que vos décrets sont oppresseurs ; quand vous n'enleveriez ce droit éternel, ce droit d'examen qu'on ne peut ravir à tout être qui ne pense, sans un attentat effrayant au droit le plus sacré de la nature ; quand vous ne l'enleveriez, dis-je, que pendant un mois, pendant un seul jour, tous les crimes commis par cette défense dans ce jour de ténébres, tous les forfaits du despotisme, qui veille sans cesse, retomberaient sur vos têtes. Défendre de faire usage de la raison éternelle avant un temps déterminé, y eut-il jamais de crime plus absurde et plus barbare !

Quoi ! tyrans impies de la pensée, du jugement, de la raison, du plus beau présent que Dieu, que la nature ait attaché, ait fait à l'homme, qu'il lui ait donné pour en faire usage, vous voulez détruire, anéantir son vœu, sa volonté, son ordre éternel ! Eh ! dans quel temps encore ! quand tout l'intéresse, quand tout l'invite, quand tout l'appelle à le manifester pour le plus grand bien de tout l'empire. Tout homme, sur-tout dans ce moment dangereux, est comptable à la patrie de ses connoissances, de ses lumières, de ses talens.

Prétendez-vous renouveler ces jours sacriléges, ces temps d'ignorance et de malheur, où de barbares sectaires donnaient pour loi irréfragable leur démence, leurs impostures aux nations abusées, aux peuples par eux rendus stupides à force de crédulité? Votre espérance est vaine et criminelle, attentatoire aux droits sacrés du pacte social. Je vous dénonce à la nation, à vos commettans, qui n'ont jamais pu consentir de vous donner le droit cruel de les dépouiller, le droit impossible de leur ravir le résultat nécessaire de leur existence morale. Vous n'avez rien qu'ils ne vous aient transmis ; ils n'ont pu vous donner que des droits conservateurs de leur pouvoir souverain, qui vous commande l'obéissance, dont il ne peuvent jamais être dépouillés ; vous n'exercez que les fonctions de sujets à la volonté générale : par quelle confusion étrange, par quel oubli coupable, feignez-vous de la méconnaitre ? Par quel mépris audacieux voulez-vous faire asseoir à sa place votre volonté isolée et individuelle, eu égard à la masse générale des opinions, des volontés ?

Une poignée de satrapes, une tourbe d'oppresseurs, un vil ramas de conjurés, qui voient leur salut futur dans ce simulacre de constitution, ont dit, et des esclaves répètent, qu'il n'y aurait rien de stable, si l'on permettait d'y toucher : objection de tyrans. Il n'y aura rien de stable, sans doute, tant que ses bases seront posées sur leurs crimes individuels et accumulés, tant qu'elles seront assises sur le long mépris de la nation, sur les outrages et les malheurs épouvantables du peuple.

Mais posez-la sur la morale, vous verrez si le peuple, si la nation, dont le salut doit être la loi suprême, proposera de la changer, souffrira qu'on la renverse. Non, non, tyrans, non, non, vils imposteurs, elle nécessitera l'obéissance par sa force éternelle. Si elle ne porte son empreinte sacrée, nous n'avons point de constitution, notre liberté n'est qu'un fantôme ; il faut pleurer sur la génération présente et sur les races futures.

Nul peuple sur la terre n'a encore eu de constitution. Je ris de pitié quand je vois chercher dans Grotius, Hobes, Puffendorf, Machiavel, dans Aristote même, tous publicistes des tyrans, quand je vois chercher, prendre dans le code monstrueux, des Anglais, et non dans la nature, dont le livre est ouvert, les loix qui doivent reconnaître, consacrer les droits de l'homme, dans ce recueil arraché par lambeaux des mains forcenées des tyrans.

C'est pourtant par ce mot si répeté de constitution, dont on a tu la définition, qu'on a d[illegible]gurée, dont on a dérobé le sens précis au peuple, c'est pourtant par ce mot mal entendu, fait pour le rassurer contre l'audace effrénée des oppresseurs, contre les scélérats, qui vendent, achètent à l'encan, trafiquent à bureau ouvert de sa liberté ; c'est par ce mot, dis-je, qu'on est parvenu à l'effrayer, à le tyranniser, à l'asservir, à lui faire croire, à lui faire jurer que tous les fantômes qu'il plairait à ses mandataires de revêtir de ce nom, devaient être sacrés pour lui; car la ligne de démarcation entre les décrets prétendus constitutionnels, et les décrets réglementaires est nulle. Non, non, peuple inattentif, peuple encore trop léger, peuple bon, peuple crédule, et qu'on dépouille ; non, non ; chers concitoyens, apprenez, retenez bien qu'il n'y a de saint, qu'il n'y a de sacré que la morale ; qu'il n'y a d'irréfragable que ce que votre volonté souveraine ratifie, que ce qui en porte l'empreinte nécessaire et prononcée. Il est étrange, il est vrai, il est bien malheureux qu'on soit obligé de rendre à ce peuple si long-temps outragé, dont d'indignes oppresseurs avaient dépravé et dépravent les facultés, qu'on soit obligé de lui rendre, pour ainsi dire malgré lui, les droits souverains qu'il avait perdus, et qu'il peut reprendre en un instant. Des spoliateurs, des brigands de vrais voleurs aidés de leurs complices l'en avaient dépouillé, tantôt par des forfaits rapides et inouis, tantôt par des attentats lents, progressifs et accumulés, et voudraient les lui ravir encore. Déprédateurs, tyrans, assassins de la nation, il est trop tard, vous êtes à découvert; vos complots lui seront dévoilés, lui seront dénoncés, vos crimes seront aussi vains qu'ils sont lâches et cruels. Et toi, charlatan coupable et avili, qui as trafiqué à prix d'or de ses droits, de sa liberté, de son sang, la mort a rompu tes projets; tu n'as pas joui long-temps de l'œuvre impie que tu as voulu consommer. Tu laisses après toi quelques ames brûlantes de l'amour de la patrie, et qui se vouent, sans autre espoir que l'infortune, au besoin de la servir.

Le peuple est souverain, tous ses droits dérivent de ce principe. Eh ! législateurs, vous voulez l'asservir ! Il vous commande l'obéissance, et vous vous déclarez ses tyrans ! Vous n'avez point d'ordres impérieux qui vous autorisent à porter des décrets spoliateurs de ses droits souverains. Il ne peut, sans être insensé, vous avoir ordonné de les lui ravir. Vous n'étés donc pas les agens de la volonté générale, quand vous portez des décrets qui tendent à le dépouiller. Vous n'exercez donc alors que votre volonté barbare et individuelle ; et alors tout ce qui en émane, tout décret est donc nul, criminel, attentatoire aux droits de la nation, aux droits du souverain.

Eh ! quel acte, quel décret plus tyrannique que celui que vous préparez, que celui qui prétend la dépouiller du droit d'examiner, d'analyser, de combattre la constitution, d'améliorer son sort ! On n'est pas assez étonné, assez effrayé, assez indigné de cet excès d'audace. Frémissez, citoyens, en voyant vos égaux, vos mandataires qui, sortis, hier de parmi vous, à vos voix, à vos ordres, aujourd'hui vous dépouillent ; en voyant ces

tyrans

tyrans de deux années qui vous enchaînent, et sur-tout songez à vous venger.

Quoi ! des hommes envoyés par les peuples pour les défendre des fureurs du despotisme, pour les venger des outrages, des longs malheurs qui les ont écrasés, qui leur avaient juré *en présence et sous les auspices de l'Eternel* de ne pas se séparer, qu'après que leurs droits imprescriptibles et inaliénables seraient reconnus ; que ces hommes, que ces perfides mandataires l'aient pu, qu'ils ne l'aient pas fait ; qu'ils aient au contraire appesanti leurs fers, qu'ils aient immolé la la race présente et les races futures, qu'ils aient immolé leurs descendans, assassiné leurs propres enfans, qu'ils aient commis ce long parricide moral ; c'est le projet infernal, c'est le crime irrémissible que le législateur a consommé.

Oppresseurs, tyrans des loix, vous avez décrété deux ans pour chaque législature ; mais si vous avez le droit, après que vous n'existerez plus, d'enchaîner la volonté nationale, même quand le salut du peuple ordonne, que devient ce décret ? Le salut du peuple n'est donc plus la loi suprême ; la nation n'a donc plus le droit de changer en tout temps, d'améliorer son sort ; et vous avez reconnu que nulle puissance légitime, ne peut l'en dépouiller. C'est donc, de votre aveu, la plus contradictoire, la plus intolérable, la plus absurde des tyrannies.

Vous avez décrété la libre expansion des lumières, et vous voulez l'arrêter, vous voulez l'anéantir; car c'est bien l'anéantir que d'en empêcher le résultat. Vous ralentissez, éteignez l'enthousiasme de la vérité, si je suis condamné peut-être à n'en pas voir l'effet, si son charme impérieux me tourmente, m'afflige, ne peut être utile à mes concitoyens, du moins que dans un temps dont l'éloignement ravit tout le prix à mes yeux.

Nouveaux représentans du peuple, ils n'ont rien apporté plus que vous du fond des provinces; ils n'ont apporté que le vœu éternel des peuples, d'être libres, de voir briser leurs fers; et ils les en ont accablés. Vous apportez aussi ce vœu impérieux, plus prononcé, si cher et si sacré. Vous remplirez donc le plus saint des devoirs, en brisant toutes ces entraves tyranniques, ignorantes, ridicules et barbares, sous lesquelles ils ont écrasé, assassiné la liberté. Attaquez donc sans crainte et sans danger l'œuvre impie des tyrans qui sont parvenus à égarer l'assemblée nationale; vous êtes investis de la puissance de la patrie. Que ses ennemis, quels qu'ils soient, apprennent à dévorer leurs silence, leurs haines, leur rage et leur impuissance. Le peuple sommeille; mais qu'ils frémissent, son réveil est la mort.

Que veut dire cette motion insidieuse, tyrannique, « que l'assemblée s'appliquera, en » finissant ses travaux, à tracer la ligne de » démarcation, qui doit séparer le pouvoir » constituant du pouvoir législatif, afin que » celui des prochaines législatures soit soi» gneusement circonscrit, et que le code de » la constitution leur soit confié sous leur » caution » ?

Jamais on n'a rassemblé en si peu de mots tant de charlatanisme, tant d'audace, tant de tyrannie ou d'ignorance. Quoi! l'on prétend ainsi arrêter la volonté de la nation, on ose enchaîner le vœu des peuples! Ou je suis fou, ou, faiseurs de loix, vous êtes des tyrans. Vous prétendez les asservir à la faveur d'un mot usurpé, dont vous n'avez point rempli, dont vous avez dépravé le sens unique.

Une constitution, je le répète, est ce qui établit un empire sur la morale, sur ses bases indestructibles; et vous l'avez foulée aux pieds, et vos principes sont ruineux, oppressifs, destructeurs de la liberté, de l'égalité, de toute constitution. Vous avez voulu anéantir la puissance nationale ; c'est un forfait que la nation ne peut vous pardonner, dont elle doit vous punir ; elle doit attacher à vos fronts l'opprobre ou l'ignorance.

Vous n'avez pas le droit, je vous le dénie avec la nation, d'empêcher un seul jour de changer un décret ruineux, dont les bases seront démontrées fausses et destructives de la morale. Ignorez-vous combien la vie de l'homme est fugitive, sur-tout pour le bonheur; que vingt-cinq millions d'individus vous demandent compte d'un instant de malheur qui serait votre ouvrage? Si, maintenant, soutenant une mauvaise loi ou un fantôme de loi, de volonté générale, vous en empêchiez une équitable de prendre sa place, une larme, une seule que vous feriez couler, accuserait vos cœurs impitoyables. Bien loin donc que vous puissiez arrêter les salutaires effets de la pensée, de la réflexion, du jugement mûri par l'étude et la philosophie ; bien loin que vous puissiez remettre, après des années, la révision de votre ouvrage, vous devez inviter tous les hommes, tous les sages, à concourir de leurs lumières à le perfectionner. Soyez assurés, soyez certains que la nation est éclairée sur son bonheur, sur ses intérêts; soyez sûrs qu'on ne touchera pas aux loix qui porteront sur la morale, qui seront appuyées sur ses fondemens éternels.

Tyrans conjurés, que l'assemblée nationale a dans son sein, fiers esclaves, vous ne pensez qu'à étendre vos fers, vous ne voulez qu'enchaîner ; barbares geoliers de l'antre du despotisme, vous n'ignorez pas que si les citoyens étaient assez aveuglés pour ne pas voir le jour qu'on leur présente, les attentats, les barbaries, les malheurs épouvantables, longs et généraux, viendraient fondre sur la nation, la replongeraient, après les convulsions sanglantes de l'anarchie, dans le calme effrayant de la servitude, dans un état cent fois pire que la mort. Ah! sans doute, il serait doux, il serait affreux de s'ensevelir avec la liberté! Mais non, cruels, ne l'espérez pas, la patrie vivra, s'élévera sur la ruine des tyrans.

Quel génie, quel démon oppresseur vous a donc révélé, vous a donc, appris que vous aviez le droit, le privilége inconcevable de donner vos décrets, de donner le résultat, les conceptions, les combinaisons de vos têtes, de vos cerveaux profanes, comme une œuvre sacrée, comme un dépôt unique, précieux et inattaquable? Est-ce un Dieu qui vous les a dictés? Montrez-moi du moins les principes, les bases qui doivent être dans la nature; ou elles ne sont que les fantômes bizarres, des simulacres tyranniques de l'audace effrénée, ou elles ne sont que les rêves, que les délires cruels de l'ignorance et de la dépravation. Point de citations gothiques, point d'exemples imposteurs. Ce sont des principes que je vous demande; mais je vous défie, législateurs, d'en avancer un seul qui ne tombe en ruine devant la raison éternelle. Je ne marche qu'à travers vos forfaits; je ne marche qu'à travers l'insuffisance de vos moyens, je ne rencontre que l'aveu implicite de votre incapacité de régénérer l'empire; je ne vois que votre faux mépris pour l'opinion publique que vous devez respecter, qui vous a fait ce que vous êtes, qui vous soutient, qui seule peut vous guider, qui seule peut vous anéantir, qui vous commande l'obéissance: qu'elle vous abandonne un seul instant, vous rentrez dans votre nullité individuelle. *Afin*, osez-vous dire, *que le pouvoir des législatures soit soigneusement circonscrit*: quelle audace! Eh! qui vous a donné le droit de le circonscrire? Quelques êtres isolés, arrêter la volonté générale, vouloir enchaîner le vœu national! C'est un blasphème contre la patrie, contre la puissance sociale; c'est une usurpation, un vol public et hardi de ses droits souverains; c'est un attentat contre la liberté ; c'est le comble de l'audace impie des tyrans, qui veulent consacrer le despotisme par le despotisme. Quelle est donc la démence du législateur de vouloir enchaîner les peuples, la race présente, et les générations à sa folie ? Nul homme, nul corps existant dans la nation, n'a le droit de lui défendre d'améliorer son sort. Eh ! qui êtes-vous donc, si vous n'êtes une partie de la nation ? Si vous prétendez être un composé d'hommes privilégiés, un corps à part ; elle vous désavoue, vous attaque, vous renverse par vos propres décrets. Vous êtes soumis aux mêmes règles que le reste des citoyens, et même à des règles plus sévères. Si vous violez les loix, qui doit les respecter ? Vous n'avez rien par-dessus eux que le pouvoir qu'ils vous ont donné, que la grace qu'ils vous ont accordée de leur en proposer, et non de leur donner des décisions irréfragables. Une telle supposition, un tel abandon, une telle aliénation de leurs droits souverains, de leurs droits inaliénables, n'est possible que parmi un peuple de fous. Il n'a pu se dépouiller du droit d'improbation, qu'en vous investissant du droit d'infaillibilité. Si quelques individus peuvent se tromper, qui pourrait ôter au général le droit de ne pas se soumettre à leurs décisions qu'après un examen, de ne pas donner son aveu sans réfléchir? Il n'y a qu'un tyran stupide qui puisse le prétendre; il n'y a qu'un féroce insensé qui puisse le commander; il n'y a qu'un peuple crédule, abruti qui puisse se croire enchaîné par ce délire.

Législateurs, vous proposez et vous voulez qu'on obéisse. Non, non, les Français d'aujourd'hui, les Français éclairés n'obéiront pas à des décrets qu'on eût rougi de donner au cinquième siècle, aux Welchs malheureux et ignorans : ils étaient asservis ; mais on ne joignait pas la dérision, l'insulte à l'esclavage; on ne les mettait pas sous le joug en leur parlant de liberté. Ce n'était pas des hommes pris au sein de leurs forêts, de leurs hameaux, de leurs cités; c'était de farouches cicambres, d'indignes Germains, de sauvages Saxons, de barbares étrangers, des assassins, appelés conquérans. Ils agissaient pour eux, et non pour un être fictif. L'or n'avait pas corrompu leur majorité.

Vous vous prétendez représentans du peuple, et vous l'assassinez! Eh! vous ne rougissez pas de le trahir, et vous ne rougissez pas de le livrer pieds et mains liés au pouvoir exècutif! Non, non, avec des vues individuelles vous n'êtes pas représentans de la volonté générale. Peut-on représenter celui dont on foule aux pieds la volonté la plus chère? non sans doute. Vous l'avez dépouillé par la plus cruelle ingratitude de ses droits les plus sacrés; vous avez anéanti le peuple, à qui vous devez votre existence. C'est son enthousiasme qui a garanti vos têtes du fer des assassins soudoyés; votre salut est le prix de son sang; eh! vous l'en avez remercié, en le réduisant à une nullité désespérante. Votre existence n'est qu'un crime audacieux, qu'un fantôme effrayant et nul, ou il doit jouir de tous les droits auxquels il pouvait prétendre avant votre absurde décret du marc d'argent. Suivant lui, vous anéantissez vous-mêmes votre élection; car tous les électeurs et les élus ne le payaient pas. Elle est donc ruineuse, tout votre ouvrage l'est donc aussi, s'il n'est approuvé par la nation; il faut qu'elle l'examine, ou son approbation serait nulle et insensée : j'y reviendrai au chapitre de ce décret extravagant, qui pèse au poids de l'or les talens et les vertus.

J'ose croire cet ouvrage nécessaire, dans un temps qu'on veut égarer les peuples, après qu'on a cru les enchaîner par un serment nul; je le prouverai dans la suite sans réplique;

après qu'on a cru, dis-je, les lier, les asservir à cette constitution, qui doit être le palladium de la liberté, et qui en est la ruine. Citoyens, je n'en suis pas moins attaché, comme à un point de rallîment nécessaire, à tous les décrets avoués par la morale, la nature, la raison éternelle ; je n'en suis pas moins défenseur intrépide de la déclaration des droits de l'homme : elle restera debout au milieu des débris du monstrueux édifice qu'on veut lui faire soutenir, et qu'elle renverse. C'est là notre constitution. C'est l'atelier où je forgerai les armes qui détruiront tout ces décrets, enfans caducs de l'orgueil, de l'avarice, de la foiblesse, et de l'ignorance.

Législateurs, vous m'avez placé entre des décrets contradictoires. Il faut choisir ; et je ne peux invinciblement me déterminer que pour ceux qui portent dans mon esprit, dans mon cœur, la conviction de la raison, de la vérité, qui sont entendues des deux bouts de la terre quand on parle leur langage.

C'est faire revivre la volonté générale, c'est obéir à la voix de la patrie, à l'opinion irrésistible, qui seule a force de loi ; c'est soutenir, c'est relever la morale et la nature, qu'on ne peut impunément fouler aux pieds, que ne peut écraser, au milieu des lumieres, cet amas de décrets prétendus constitutionnels, qui, tant qu'ils existeraient, s'opposeraient à toute constitution, à son but unique et sacré, qui est l'égalité, la sureté, la liberté, qui confondent toutes les loix tacitement avouées, depuis le sage qui vit dans les cités, jusqu'au sauvage errant dans les forêts; qui n'affermissent que les déprédations, le mépris des droits de l'homme, le vol impie des tyrans.

Je ne m'arrêterai point, il faudrait des volumes, à ceux qui ne frappent point directement sur les grands ressorts de la machine politique de l'empire, qui ne sapent point dès ses fondemens le contrat tacite des nations, qui ne frappent, que par contre-coup, sur les bases primordiales de la morale, sans laquelle tout état n'a qu'une existence ruineuse, monarchique et barbare. Français, citoyens, j'attaque des fantômes élevés sur la ruine de vos droits naturels et inaliénables, conséquemment sur la ruine de toute constitution. J'ose attaquer, pour vous servir, ses ennemis les plus acharnés et les plus redoutables, qui s'opposeraient, peut-être pendant dix siècles encore, à sa confection. Il importe à la France, il importe aux générations qu'on détruise dès leur principe, dès leur origine, des décrets criminels qui retarderaient les progrès des talens, des vertus, en ruinant la liberté; car ne vous y trompez pas, sans liberté, point de talens, point de vertu. Un acte forcé ne peut être vertueux; l'esclavage brise le vol du génie, l'empêche de s'élancer, de saisir, d'atteindre la vérité, qui semble l'éviter, qui n'est le fruit, qui n'est le prix que de l'audace libre et intrépide. Il étoit donc important de les renverser avant que le temps, que nos malheurs y eussent mis leur sceau funeste.

Nouveaux législateurs, vous ne devez, vous ne pouvez toucher à la constitution, que pour l'améliorer en faveur du peuple, parce que son salut est la loi suprême à qui vous devez obéir; si vous la rendiez plus mauvaise encore, que la nature arrête, frappe votre main sacrilége. Vous n'êtes envoyés par lui, que pour lui. Ayez toujours devant les yeux que vous n'êtes représentans que du peuple; que cette vérité touchante vous accompagne du fond des provinces, et sur-tout ne l'oubliez pas en approchant de cette capitale, de cette cour si funeste: portez la dans cet aréopage, où vous devez raffermir, rétablir, épurer cette constitution. Qu'on ne dise pas que je l'ébranle; non, je suis l'un de ses défenseurs, je n'attaque que le despotisme et l'esclavage décrétés par une tourbe de conjurès ; je n'attaque que les ruines de la constitution, qu'on prétend nous donner pour une édifice solide et inattaquable, qu'on prétend nous faire adorer.

Si mon ouvrage prévient une erreur, un crime, arrête des malheurs que je vois fondre sur ma patrie, je la sers, et les races futures ; à la fin de chaque législature, tant que je vivrai, je verserai à pleines mains l'infamie, l'opprobre, sur les membres qui se seront déshonorés.

C'est un devoir sacré pour les nouveaux députés des provinces d'examiner les décrets qui leur paraîtront porter sur des bases eternelles, et ceux que la raison, qui vit au fond des cœurs, condamne et désavoue ; la volonté générale leur commande d'anéantir des simulacres de loix, de ne respecter que celles qui auront l'aveu des peuples, que leur salut suprême ordonne de conserver : leur voix impérieuse est seule respectable, leur prescrit de ne ménager que celles qui reconnaissent sans ambiguité leurs droits souverains, de couvrir de la haine nationale, de la réprobation publique toutes celles qui, pour des momens d'un bonheur partiel, isolé, tyrannique, entassent sur la nation des siècles de calamités. Tout homme qui sent ses forces, est coupable envers elle de ne pas l'éclairer. Tout homme est coupable de lui avoir tu une vérité nouvelle, ou ensevelie sous des préjugés, à plus forte raison une erreur, un crime qu'il aurait découvert sans le lui révéler, sans lui en épargner les funestes effets, sans la prémunir contre ses conséquences fatales. J'annonce des maux que les siècles rendraient incurables, ou du moins qui feraient le malheur de nos descendans pendant de longues révolutions ; les cris, les gémissemens des peuples écrasés retomberaient sur ma tête, sur mon ame indifférente, froide, égoïste et cruelle.

Eh ! malheureux peuple, chers concitoyens, combien vos indignes mandataires sont coupables ! combien de larmes ne vous ont-ils pas fait répandre ! Hélas ! je les ai vu tomber sur vos vétemens déchirés, sur vos visages maigres, défaits, affamés, pâles et sanglans. Chers amis, que ne puis-je vous rendre tous vos droits, à vous dont le patriotisme est si pur et si vrai ! Mais consolez-vous, ressouvenez-vous que vous êtes souverains ; que vous devez commander à ces usurpateurs qui vous oppriment ; que leur empire, leur despotisme va finir ; espérez de leurs successeurs ; et s'ils osent vous mépriser, vous expolier, s'ils veulent vous enchaîner, si vous ne rencontrez que des bourreaux, et non des concitoyens, ressouvenez vous que la force, que votre sort est entre vos mains ; brisez une seconde fois vos fers, et en accablez tous vos tyrans.

Brûlans défenseurs de la liberté vendue, trahie, que je vois alarmés de tous les attentats des conspirateurs, de ces traîtres que l'assemblée nationale a dans son sein, calmez-vous ; plus ils ont commis de forfaits, plus ils ont voulu renouer les chaînes qui accablaient la nation ; plus ils ont fait voir, plus ils ont démontré par le fait la nécessité de corriger la constitution. Notre salut viendra de l'excès de nos maux. Son examen était bien démontré, utile, nécessaire, par la raison incréée qui existe avant leur froid délire ; mais le fait a corroboré le droit inaliénable qu'a la nation d'examiner ses loix avant de s'y soumettre, sans que sept ou huit cents conjurés aient l'absurde pouvoir d'arrêter un instant sa volonté suprême et impérieuse.

Indignes mandataires de la nation, représentans d'aggrégations impies de corps qui n'existent plus, vous tous conjurés, vous osez vous dire un corps constituant ; vous ne pouvez prétendre à ce titre auguste, et au-dessus de vos forces ; vous ne pouvez prétendre à ce titre sacré que du consentement des peuples, et ils vous le dénient : constituez-donc, si vous voulez le mériter. Vous l'avez vous-mêmes anéanti en détruisant la liberté; c'est ce qu'il fallait établir pour pouvoir l'obtenir. La nation a daigné tout au plus confier à vos volontés individuelles le pouvoir de présenter des loix ou des projets à sa volonté générale, qui doit les ratifier ; il faut être aliéné par un orgueil tyrannique pour prétendre davantage. Votre ouvrage doit donc être avoué par la nation pour commander l'obéissance ; et vous voulez la priver de ce droit qu'elle ne vous a point transmis, et qu'elle ne peut céder même pour un instant, parce que c'est un droit souverain dont elle ne peut être dépouillée. Non, vous n'êtes point constituans, vous êtes destructeurs de la liberté, de la puissance nationale : je sais qu'il y a parmi vous d'avares et coupables tyrans, qui voudraient, à la faveur de cette distinction ridicule de législature et de corps constituant, qui voudraient, dis-je, prétendre à une seconde élection. Il faut encore, pour les confondre, définir les termes. Qu'est-ce que c'est qu'une législature? C'est un corps qui propose des loix à la nation, ou si vous le voulez encore, qui fait des loix. Eh! qui prétend

prétend en avoir fait plus que vous? C'est une distinction hypocrite, ridicule et perfide, pour éluder l'esprit précis du décret avoué par la nation, parce qu'elle y voit son salut; c'est pour éluder, dis-je, le renouvellement en entier des membres de votre assemblée qu'il prescrit après deux ans d'exercice. Cette distinction, ce sophisme grossier était combiné avec les conspirateurs par le plus grand ennemi du bien public, le plus grand oppresseur de la liberté que l'assemblée nationale ait eu dans son sein.

Eh! quel serait le sort de la nation, si les décrets scandaleux, oppressifs, dont elle demande, à grands cris, l'anéantissement, pouvaient être soutenus dans la nouvelle législature par ceux mêmes dont le fatal ascendant les a fait porter dans la première? Ils seraient alors dans le cas d'un juge, dont le jugement serait poursuivi en cassation dans un nouveau tribunal, où le même juge siégerait encore : on verrait avec scandale les tyrans des loix luter contre leurs destructeurs. Le renouvellement en entier est le palladium de la liberté.

Cette rénomination serait un exemple fatal, en introduisant sans interruption le despotisme et la corruption successive dans l'assemblée à peine établie, briserait déjà la loi, qui doit s'opposer à sa dépravation. Je dénonce comme ennemi des loix faites pour régénérer l'empire, le membre audacieux, avare et criminel, qui tenterait par quelque motion insidieuse de donner atteinte à cette loi sacrée.

L'équité, la raison, la liberté, le salut de vingt-cinq millions d'hommes, demandent que la constitution soit épurée : et cette funeste rénomination ferait déjà pencher la balance pour la négative, pour appuyer la permanence de ses principes ruineux. On ne peut l'épurer, la perfectionner qu'en l'examinant; on ne peut interdire, il le faut redire encore à la nation, sans un excès intolérable de despotisme, le droit d'examiner, d'approuver ou d'improuver les décrets qu'on lui propose. Charlatans, qui criez sans cesse qu'il n'y aurait rien de stable si on permettait d'y toucher; j'ai prouvé que votre crainte est chimérique, que vous commettez pour elle une iniquité horrible et réelle, un crime envers les droits souverains de la nation. Vous verrez si les peuples demandent qu'on porte atteinte à la déclaration des droits de l'homme, à la permanence de l'assemblée, à son unité, au décret qui remet dans les mains de la nation les biens immenses et scandaleux du clergé, des biens usurpées sur elle dans des temps de malheurs, de stupidité, de ténèbres et de crimes. La France applaudit à ce décret préparé par la philosophie, dès il y a soixante ans ; elle applaudit aux citoyens qui, pour payer les déprédations d'une cour dissolue, emploient leurs richesses pour en faire l'acquisition, et font rentrer ainsi en circulation des biens morts pour la patrie. Elle applaudit à l'anéantissement de la féodalité, des parlemens, de la noblesse héréditaire, etc. Ce sont des lingots d'or pur, mêlés dans mille quintaux de matière hétérogène, et qu'il faut en dégager.

Je vais donc remplir une tâche pénible, chère, cruelle et sacrée ; je vais retracer le mépris froid et barbare des droits inaliénables des peuples ; je vais retracer les plus grands crimes contre le pacte social ; je vais rappeler enfin les attentats du législateur contre les droits de l'homme et du citoyen ; j'opposerai les loix éternelles de la nature, réclamées par vingt-cinq millions d'hommes, à des décisions désavouées, ruineuses, isolées ; j'opposerai le vœu général de l'empire à des décrets scandaleux, solitaires, marqués d'un sceau individuel, combinés, rédigés avec une criminelle audace ; je leur opposerai les bases invariables, indestructibles des loix décrétées dans les jours de la gloire des Français, dans les momens trop courts de la renommée civique de l'assemblée nationale. La cour était alors épouvantée et impuissante, elle n'avait pas trente-cinq à quarante millions à prodiguer.

Il faut que la seconde législature porte une loi, qui menace de livrer à la sévérité des loix, comme coupable du crime de lèse-souverain, le membre qui, averti par l'opinion publique, et la méprisant, osera proposer un décret contraire à la liberté. Elle doit la porter la première, ou il faut, en versant des larmes, que le citoyen, que le philosophe voye s'avancer à grands pas l'esclavage, la ruine de sa patrie, voye avec effroi le despotisme reprenant tout ce qu'il a perdu.

Mais non, indignes agens de la chose publique, corrupteurs et corrompus, votre espérance est vaine : mais non, le civisme éclairera vos trames criminelles ; il instruira malgré vous les peuples que vous tentez de réabrutir, dont vous voudriez faire de vils automates, baissant un front stupide devant vos décisions spoliatrices, individuelles, vendues à l'or, au pouvoir des tyrans ; la liberté de la presse, à laquelle vous ne pouvez attenter, sans vous déclarer les chefs des conjurés contre la patrie, rappellera sans cesse à la nation ses droits violés, ses droits qui vous commandent l'obéissance. Vous n'êtes, je le répète, comme tout mandataire, tout agent, tout fonctionnaire public, que des sujets de la volonté générale de la nation; elle doit vous avoir donné le modèle précis des loix, ou formellement les ratifier. J'ai démontré que c'est un point sacré des droits du peuple; que sa souveraineté ne peut être aliénée pendant un seul instant, parce qu'elle ne réside que dans le tout.

Un mal moral et nouveau ne coûte point à déraciner; mais quand, par une marche souvent lente et insensible, il a contaminé tous les ressorts du gouvernement, que la plus grande partie des hommes souffre, sans pouvoir démêler la véritable cause de ses maux, que tout le corps politique est vicié, que l'influence fatale des tyrans frappe de mort la morale et la nature, le philosophe entrevoit, dans la succession des siècles, la source effrayante du désordre; s'il ose l'indiquer, pendant long-temps encore, il ne se trouve pas d'homme assez hardi pour oser toucher au nœud fatal qui tient unis et isolés les membres d'un corps monstrueux et immoral, qui, pour les indignes jouisances de quelques-oppresseurs, de quelques tyrans, de quelques satrapes, de quelques esclaves privilégiés, fait le malheur de cent générations.

Eh! que de sages ont été jetés dans les antres, dans les cachots du despotisme, ont péri par le fer, par les lacets, par les poisons, pour avoir voulu éclairer les hommes sur les crimes des sélérats qui ont tenu jusqu'à ce jour les rênes de l'empire! Il n'y a pas en France une ville, un hameau qui n'ait été témoin de leurs larmes; il n'y a pas de citadelle, de donjon, de noir repaire qui ne soit teint de leur sang. Quand j'ai écrit contre les rois, contre les tyrans, c'était le cruel et trop juste ressentiment d'un affreux et long outrage, qui oppressait mon ame.

Fantômes de législateurs, je vais jeter un coup-d'œil indigné et rapide sur vos plus grand forfaits contre les peuples. Mille plumes, mille écrivains avoués par la patrie, à qui elle doit son salut, ont analysé tous vos décrets oppressifs, les ont déjà réduits en poudre. Je ne m'attacherai qu'à ceux qui ont frappé sur la liberté dès sa naissance, qui portent l'empreinte de la barbarie la plus consommée et la plus criminelle, ou décèlent votre impéritie scandaleuse et déplorable. Je ne resterai pas muet au milieu des réclamations générales; j'offrirai peut-être de nouveaux moyens de vous confondre; il faut vous accabler; tous les citoyens doivent se réunir pour détruire le concordat sacrilége que vous avez fait contre leurs droits, contre la liberté; il faut vous écraser de la masse irrésistible de l'opinion, de la raison, de la morale et de la nature.

Soutiens intrépides des droits de la nation troupeau de sages, faible rare et isolé, je me plais à vous présenter sa reconnaissance eternelle. Ce n'est pas contre vous, sans doute, que cet ouvrage est dirigé; c'est contre les ennemis de la patrie, c'est sur-tout contre ces vils protées, ces charlatans soudoyés, vendus, corrompus, enveloppés de son manteau; c'est contre ces athlètes diffamés, qui sont venus couverts des applaudissemens de leurs provinces, sur lesquels reposaient leurs espérances, et qui ont affiché le tarif de leurs talens, de leurs vertus, à la porte du trésor royal; qui maintenant assis sur la ruine de leur patrie, sur un tas d'or, tout chargés d'infamie, environnés de leurs forfaits, insultent avec scandale, avec audace, à la misère de ce peuple qu'ils ont trahi.

Je verserai du moins d'une main inexorable, je verserai l'opprobre sur leurs têtes criminelles. Je ne respecterai que ce qui porte l'empreinte de la justice eternelle, de la vertu ; je ne respecterai que les vraies bases de la société ; j'attaquerai de toutes les forces de la morale des décrets qui ne s'élèvent qu'au milieu de sa ruine, qu'au milieu du cri des peuples livrés à l'or et au fer des tyrans ; qu'au milieu des gémissemens de cent millions d'infortunés, que les siècles futurs, successifs, accumulent, entassent, amènent en ce moment devant moi. J'entends déjà leurs sanglots, je vois leur désespoir, leur effroi, leurs angoises, leur misère déchirante, épouvantable ; je les vois, par ces décrets odieux, sous les pieds d'airain, sous la hache des tyrans ; si je peux les arracher de leurs mains féroces et sanglantes, si j'épargne un crime à la postérité, si j'épargne un soupir à l'homme vertueux, si j'empêche une larme de couler ; je meurs content, et mon but est rempli.

CHAPITRE III.

Du Veto.

Je ne puis m'empêcher de déplorer le sort de la nation, quand je vois que, parmi douze cents représentans du peuple, douze cents prétendus sages, choisis sur vingt-cinq millions d'hommes, il ne s'en trouva qu'à-peu-près cent quarante qui voterent constamment pour refuser toute espèce de *veto* au pouvoir exécutif, qui eussent conservé dans cette discussion, élevée à la honte eternelle de la raison sur le déni de la justice que l'on doit au peuple, sur l'oubli malheureux de ses droits, sur le mépris, sur l'outrage de la morale ; quand je vois qu'il ne s'en trouva pas, dis-je, un huitième qui eût conservé un esprit juste, libre des entraves de l'esclavage, qui eût conservé un jugement pur, que n'avait point altéré, contaminé, aliéné des préjugés dignes des *Huns*, des *cicambres* et des *Hérules*.

Il est pourtant probable qu'on avait cru bien choisir. Nous verrons dans la prochaine législature les progrès que l'esprit public aura fait en France depuis deux ans ; elle doit anéantir ce décret prétendu constitutionnel, assis sur l'ignorance, sur la ruine de toute constitution. S'il n'est détruit, je dirai avec douleur que, par une confusion de tous les pouvoirs, les loix sont toujours sous la main sous le glaive barbare des tyrans. Je dirai que, tant qu'il existera, toute constitution est impossible ; je dirai que le code de la nation n'existe que dans la tête, n'est encore que dans les ouvrages des philosophes, ou pour mieux dire n'est encore tout entier que dans la nature.

Quoi ! n'avoir rencontré en France en 1789 que cent quarante députés qui pensassent sainement sur vingt-cinq millions d'hommes ! C'est pourtant un opprobre, une vérité désolante. On est étonné, effrayé de cette masse énorme de stupidité ou de perfidie, de crimes ou d'ignorance.

Accorder un *veto*, grand Dieu ! à l'agent ou mandataire du peuple, à un fonctionaire public ! Un *veto* sur la nation ! Un *veto* sur les loix ! Un *veto* à leur simple exécuteur, un *veto*, un pouvoir de défendre, à celui dont la volonté passive ne doit qu'obéir ! Un *veto* à un individu, sur vingt-cinq millions d'hommes ! un *veto* à un être isolé, à une volonté individuelle, sur la volonté générale! Un *Veto* à un homme, à un fou, à un roi, à un tyran! Car tout cela peut être; est-ce assez de stupidité? Quand ce serait un troupeau d'insensés, un ramas d'esclaves imbécilles, un sénat de tyrans, qui aurait présidé à ce décret honteux, on n'aurait pu faire un plus lâche abandon de tout jugement, un désaveu plus déplorable de la raison eternelle; on n'aurait pu commettre d'outrage, d'attentat plus formel contre le pacte social. Quand ce serait les complices d'un brigand, des conspirateurs, des conjurés, ils n'auraient pu enfreindre, mépriser, fouler aux pieds plus ouvertement la puissance de la nation; ils n'auraient pu tenter autrement d'anéantir le contrat, les droits, la liberté des peuples.

On voit que tout *veto*, soit suspensif, soit absolu, est une confusion étrange, une ignorance, un mépris froid et barbare du pouvoir inhérent à la nation de modifier en tout temps, d'améliorer son sort, de changer la forme de son gouvernement et de la commission qu'elle a déléguée à son mandataire, à son agent, de veiller à l'exécution des loix qu'elle a décrétées.

Cette confusion déplorable est née d'une dépravation morale et antique, dépravation commandée, forcée par les tyrans; ils ont par-tout corrompu, terrassé la nature. Cette confusion est née de l'oubli honteux, immémorial, nécessité, des droits eternels de la nation, de l'abrutissement malheureux dans lequel elle était plongée.

L'alarme était si grande, l'effroi était si général au mot de *veto* absolu, qu'on crut avoir remporté une victoire par le *veto* suspensif, par ce décret ignorant, spoliateur et stupide : on se croit heureux au sortir d'un bois, en s'échappant d'une forêt, d'un coupe-gorge, quand après être tombé entre les mains de brigands, d'assassins, on a sauvé ses jours, qu'on en est quitte pour son argent, et qu'on s'enfuit ensanglanté. Mais vos blessures, ce qu'ils vous ont ravi, n'en est pas moins un vol, un crime digne du dernier supplice.

Les Français venaient de briser leurs chaînes, mais en traînaient encore d'horribles débris : semblables au malheureux échappé de la profondeur des mines, ou du noir de l'effrayant crépuscule des cachots, qui revoit le soleil, qui le revoit pour la première fois depuis de longues années; l'éclat du jour l'étonne, il est presque effrayé, il regrette pour ainsi dire ses ténèbres et les entrailles de la terre; il ne sait où porter ses vœux et ses pas ; il marche stupidement ; enfin il rencontre des hommes, et recouvre parmi eux l'usage de ses facultés qu'il avait perdues. Tremblez, tyrans ! les Français ont retrouvé leur ame libre, énergique et intrépide. Ressouvenez-vous que si vous vous perdez, que si vous êtes immolés, c'est vous qui l'aurez voulu. Je vois sur le front du peuple la vengeance qui s'apprête, elle sera terrible, et c'est vous qui l'y forcez.

La France a aujourd'hui dans son sein des hommes environnés de la nature, dépouillés de tout préjugé, dégagés de la rouille de la barbarie sous laquelle gémissaient nos ancêtres.

Législateurs, répondez si vous l'osez ! où avez-vous pris ce *veto* absurde, abominable, pour le présenter à votre idole, à un agent qui ne doit qu'obéir ? qui vous a donc donné le pouvoir de consacrer ainsi la ruine de la volonté nationale ? en avez-vous trouvé quelques traces dans les annales malheureuses de nos ancêtres ? Je vous défie de pouvoir joindre ce délire à leur stupidité, à leurs affreuses infortunes. En avez-vous trouvé le modèle dans la nature ? eh ! malheureux déprédateurs des droits souverains du peuple, c'est la nature qui vous accable.

Je ne m'appesentirai pas sur la définition de sanction, de *veto*, d'acceptation ; les graves décisions sur de pareils objets font pitié et honte à la raison ; tout ce vain fatras de publiscistes des tyrans, de charlatans vendus, de pédans décriés, tous couverts de crasse et d'ignorance, disparait devant la souveraineté du peuple. Avec de pareilles gens, il faut aller droit aux principes ; s'il est souverain, une acceptation, une sanction, un *veto* suspensif ou absolu, accordé au roi, à l'homme de la nation, est un absurde attentat à ses droits ; il faut donc anéantir ses droits souverains, ou cette ridicule, oppressive prérogative, et rougir de la voir créée.

Quel droit resterait-il sur les loix, à la nation, si un *veto* appartenait à celui dont l'unique emploi est de les faire exécuter ? c'est une absurde contradiction, puisqu'il ne doit qu'obéir à la loi en la faisant exécuter ; il n'a pas le droit de l'arrêter un seul instant ; il a la qualité de roi ; et législateurs, vous l'en dépouillez, puisque le roi n'est que le simple exécuteur de la volonté générale, à laquelle il ne peut y avoir qu'un despote, qu'un tyran qui substitue sa volonté individuelle, ou, par la confusion la plus étrange, la plus immorale, le simple exécuteur de la loi a sur elle une influence directe et terrible. Quand vous auriez créé des fantômes pour les voir réduire en poudre, vous n'auriez pu faire un assemblage plus monstrueux, plus ruineux de décrets qui se détruisent mutuellement, et contradictoires en eux-mêmes. Vous n'auriez pu faire un faisceau de qualités plus incohérentes, pour le présenter à votre simulacre individuel. Vous tous, satrapes esclaves, valets de la cour, revêtissez, chargez votre idole, tant que vous voudrez, de titres, de noms fastueux, vous n'en ferez jamais qu'un être unique, qu'un individu, qu'un homme qui pâlit devant la majesté du peuple, qui ne voit dans tout homme que son sujet, et lui commande l obéissance : vous n'en ferez presque jamais qu'un être faible, borné, stupide, vain, fastueux, insolent, hautain, voluptueux, méprisant les hommes, ses égaux, et très-souvent supérieurs à lui. Vous n'en ferez jamais qu'un être inutile, dévorant, oppressif, assis sur la ruine de toute constitution, écrasant d'un pied stupide ou féroce la morale et la nature, employant l'or de la nation, tous les moyens, tous les crimes pour faire disparaître, étouffer ses loix les plus sacrées ; vous n'en ferez jamais qu'un ressort qui brisera tous ceux d'un bon gouvernement, qui commencera par diminuer leur action, paralyser leur mouvement, et finira par l'anéantir. C'est la marche éternelle de tout pouvoir exécutif qui n'est point divisé par le droit comme il l'est par le fait, qui n'est point déterminé en intensité et en durée, ou qui l'est d'une manière ruineuse par des ennemis coalisés, par des conspirateurs contre les intérêts de la république.

Que le roi, ce fonctionnaire public, soit impérieusement chargé, et non pas ridiculement, servilement supplié de faire exécuter la loi ; c'est là que se bornent tous ses droits, c'est là les devoirs que sa place lui impose ; il n'a que des soumissions à la volonté générale à remplir ; il n'a que des ordres du peuple à recevoir.

Maintenant qu'il est reconnu, qu'il est prouvé qu'il n'est que l'exécuteur de la volonté suprême de la nation, à laquelle il ne peut déroger, qu'il ne peut altérer, lui conserver le moindre *veto*, serait une contradiction stupide et révoltante. S'il peut retarder l'effet d'une loi, pendant quatre ans, il est donc le tyran des loix et non leur simple exécuteur. Que ce décret ridicule et tyrannique eût été porté lorsque l'assemblée nationale était sous le sabre du despotisme, quand les lâches

lâches janissaires du sultan l'environnaient, qu'il osait encore lui parler en maître, la menacer de sa colère, le civisme éclairé en eût été moins étonné ; mais qu'elle l'ait rendu lorsque ses affreux tronçons étaient épars autour d'elle, que le monstre se débattant dans la poussière, ait trouvé un appui dans cette assemblée, qu'il voulait écraser, qu'elle l'ait relevé lorsqu'il se roulait à ses pieds, c'est un crime dont on ne peut être assez effrayé, assez indigné ; c'est un crime qui coûtera et du sang et des larmes ; dès-lors on devait présager les maux épouvantables qu'elle ferait à la France, les coups perfides qu'elle porterait à la liberté.

En accordant le *veto* suspensif à l'agent de la nation, on voulait la dépouiller du droit de *veto* absolu dont elle jouissait. Le despote s'était bien emparé de la puissance de proposer des loix ; mais elles devaient être sanctionnées par la nation, ou avouées, enregistrées par les parlemens qui la représentaient, ou qui tenaient lieu d'états-généraux permanens, pour avoir leur exécution. Comment s'est-il donc trouvé des hommes assez dénués de pudeur pour soutenir que le *veto* absolu appartenait au mandataire du peuple, à un fonctionnaire public ? Et on appellera ces êtres diffamés représentans de la nation ! Non, non, Français, ce sont de vrais conjurés, de lâches fauteurs du despotisme, les vils agens, les émissaires perfides, les ministres soudoyés, corrompus, gangrenés d'un tyran. Mais le peuple reste toujours en possession du *veto* absolu ; et il en fait usage pour anéantir ce *veto* suspensif, pour frapper de nullité ce dé cret expoliateur de ses droits souverains, et tous ceux portés contre ses intérêts, sa liberté : le *veto* absolu l'emporte sur le suspensif ; ainsi il anéantit pour jamais celui que l'ignorance, que la barbarie a accordé au pouvoir exécutif.

Qu'on ne dise point pour colorer cette infraction faite aux droits éternels et sacrés de l'homme, que le *veto* suspensif est un appel au peuple des décisions de ses représentans: ce serait une imposture grossière. Si c'était une suspension des projets de la loi, jusqu'à ce que la nation eût pu manifester son vœu dans une seconde législature ; le voile dont on voudrait couvrir cette oppression ce lâche attentat à ses droits, pourrait séduire, pourrait la cacher à quelques hommes inattenttifs : mais non, ce *veto* absurde suspend son exécution jusqu'à la troisième législature ; ce qui peut retarder l'exécution de la loi la plus utile, la plus urgente, la plus nécessaire pendant quatre ans, s'il plaît au despote de l'arrêter, si elle contrarie son plan oppresseur, si elle blesse, dérange ses intérêts, qui sont éternellement séparés de ceux des peuples.

Que les rois, que les tyrans de la liberté se reposent sur leur volonté du soin de la manifester, quand une loi blessera leurs intérêts; qu'ils n'aient pas tant de sollicitude. La nation peut seule dire si elle doit recevoir des modifications, si elle doit être abrogée, ou suivie, c'est la masse totale sur laquelle elle pèse qui peut, qui doit s'en plaindre, et non un individu qu'elle n'atteint jamais.

C'est ici que commence à se développer l'ame de ce Mirabeau, dont la parque vient, par un coup tardif, d'arrêter la trame et les complots.

J'eusse peut-être retranché tout ce qui avait trait dans cet ouvrage à ses nombreux forfaits; j'eusse peut-être abandonné aux brandons des furies son ombre mille fois criminelle, si je n'eusse vu ses complices, des fourbes, des conspirateurs vouloir égarer le peuple, lui peindre sa mort comme une affreuse calamité.

Mais non, il est un de ces hommes dont

il ne faut pas balancer à retracer les forfaits; il faut tenter d'épouvanter les scélérats qui voudraient lui ressembler. Il n'est plus; mais ses attentats contre la liberté subsistent; mais leur suite cruelle, leur conséquence fatale, ont réarmé les tyrans, et préparé de nouveaux malheurs. Il eut de grands talens; mais il en fit un abominable usage; les grands criminels, s'ils avaient employé à être vertueux leur fatale énergie, eussent mérité des autels. Je méprise sa vie crapuleuse, sa vie privée, flétrie par les loix; j'exècre sa mémoire comme homme public; voilà l'exorde de l'oraison funèbre que je lui décerne, que lui doit tout citoyen. Les faits vont l'appuyer.

Citoyens, ressouvenez-vous que ce fut ce nouveau *Machiavel*, ce député vénal, le digne représentant d'un tyran, qui le premier a été chercher la loi la plus absurde, la plus tyrannique de la chartre des Anglais, pour en contaminer la constitution. N'ayant pu empêcher de décréter les droits de l'homme, il espéra du moins de les anéantir par le *veto* àbsolu, quand on viendrait à l'application. C'est, dès les premiers pas de l'assemblée nationale, le premier scandale, le premier grand crime, la première scélératesse; et c'est lui qui l'a commise.

Il a reçu, pour ainsi-dire, les honneurs de l'apothéose; cela ne me surprend point: des brigands, des assassins, des empoisonneurs, des parricides ont bien été canonisés.

Il a contribué à faire prononcer par les représentans de la nation, que les descendans de stupides, de pauvres pêcheurs, que les sectateurs d'un juste qui a péri par le dernier supplice, qui n'a jamais connu les richesses, les dignités mondaines, que pour les proscrire et prêcher l'égalité; il a contribué, dis-je, à faire prononcer qu'ils n'étaient pas à leur place, et qu'il fallait les y remettre; il est parvenu à faire manifester le vœu de la nation par ses représentans, vœu que la philosophie avait mis dans le cœur de tous les Français depuis soixante ans; il est parvenu à faire exécuter ce que l'impératrice de Russie avait fait par un seul acte de sa volonté. Il n'y a pas grand mérite à vaincre un ennemi déjà vaincu. Ah! si le clergé eût été moins avare, plus adroit, il serait encore en possession de ses richesses; c'est la première fois qu'il ait manqué d'astuce, et que l'avarice ait servi le genre humain. Mais, citoyens, ressouvenez-vous que toutes les fois qu'il a été question d'attaquer le pouvoir exécutif, qui dispose de plus de cinquante millions, Mirabeau l'a servi de son éloquence, ou de son silence.

Cet homme, qui n'avait, lorsqu'il est entré à l'assemblée nationale, depuis le nord de l'Europe, jusqu'à Paris, qu'une masse énorme de créanciers, était, à sa mort, d'une opulence insultante. Je ne vous dirai point, citoyens, par quelles manœuvres il est parvenu de cet état de détresse à cette situation brillante, malgré ses prodigalités; quiconque voudra en connaître la cause, la trouvera dans ces feuilles patriotiques, que chaque jour voit éclore, qui sont l'effoi des tyrans, et des esclaves qui se vendent. Je ne le suivrai pas chez l'épouse du pouvoir exécutif, je ne le suivrai pas chez les ministres, je ne le suivrai pas dans ses démarches secrètes, chez les ennemis de l'état; je me contenterai de le convaincre de perfidie, de crime, contre la nation, ou de l'ignorance la plus stupide. Mais on sait que ce n'était pas d'ignorance, dont on pouvait l'accuser; il sera plus aisé de le convaincre d'attentats contre les peuples, d'avoir trafiqué à l'encan de leur liberté, de leurs droits, que d'impéritie.

Cet homme, ennemi connu du despotisme, par un retour vénal et honteux, par un lâche désaveu de ses principes, de ses ouvrages, voulait lui remettre dans les mains l'arme la plus terrible dont puisse se servir un oppresseur de la liberté ; arme que tous les despotes des Français n'avaient jamais connue avant l'assemblée nationale ; arme dont ils pourraient l'écraser : car que serait cette diète mémorable, si, par le *veto* absolu, un tyran pouvait paraliser, arrêter ses décisions les plus heureuses, anéantir ses décrets et ses loix ?

On verrait avec effroi les caprices de ce tyran vaincre, fouler aux pieds, pour jamais la volonté manifestée de la nation. On verrait ses ordres barbares planer sur l'assemblée dégradée, avilie, précipitée du rang auguste qu'elle doit occuper ; on ne verrait dans l'asile qui sera celui de la liberté, que des esclaves tremblans, de stupides Ilotes, écrasés par les fers qu'ils se seraient forgés.

Ces hommes, qui peuvent être les dieux tutélaires de la nation, ne seraient plus que de vils cyclopes, dont les fronts seraient sillonnés par la foudre du tyran dont ils auraient armé les mains : plus d'assemblée nationale, plus de citoyens, plus de liberté. On verrait l'affreux despotisme trainant ses intrépides défenseurs dans leur sang et dans la poudre ; le philosophe, le sage errant sans appui, serait obligé d'abandonner en pleurant une patrie, une terre frappée de son sceptre d'airain. Eh bien ! Français, vous tous amis de la liberté, retenez bien, n'oubliez jamais que c'est l'attentat énorme, que ce lâche représentant du peuple, que cet avare et prodigue apostat de la liberté a voulu consommer ; lorsque la capitale, lorsque tout l'empire était effrayé de son horrible proposition du *veto* absolu ; il le soutenait de toute sa dialectique perfide, insidieuse et cruelle. C'en serait assez de ce forfait pour le faire exécrer à jamais de tout homme qui conserve une ame libre, ennemie des tyrans.

Quoi ! c'est toi, Mirabeau, qui ose voter en plein sénat pour cette prérogative infernale et royale, pour cette prérogative, qui prononçait, qui décrétait la nullité de l'assemblée nationale. Le despotisme plus terrible que jamais régnait, était tout, et l'assemblée était anéantie. Ton crime replongeait peut-être pour mille années la France sous le glaive des tyrans : il suffirait pour te flétrir aux yeux de la postérité, et te mériter le mépris, la haine, l'indignation de tes contemporains.

Il voulait, n'importe comment, opérer la ruine de la liberté ; il tenta ce coup abominable après avoir voulu faire remettre à la fin de la constitution la déclaration des droits de l'homme, sur laquelle elle doit reposer, et qu'il savait bien que, si elle n'était pas décrétée dans les momens d'épouvante des ennemis de la patrie, elle ne le serait jamais. Tout le monde connaît la différence malheureuse qu'il y a dans les opinions, dans l'esprit public des 20, 21, 23, 24 et 26 août 1789; que les articles en furent arrêtés à celui de 1791. On a vu les ennemis de l'état, revenus de leur effroi, conspirer ouvertement contre le salut public; on a vu le despotisme se relever, un poignard, des décrets et des millions à la main, oser luter contre la liberté, l'assassiner dès sa naissance; et ce crime irrémissible est son ouvrage.

Mirabeau! je t'abandonne pour un instant, tu vas reparaître dans tous les décrets les plus funestes à la patrie; Mirabeau! tu es placé entre le crime et l'ignorance: choisis, mais quel que soit ton choix, tu étais indigne d'être représentant de la nation, tu étais indigne d'être législateur. Lâche criminel! si ayant apperçu la suite fatale du *veto* absolu, tu as osé le proposer et le défendre; ignorant et digne de l'oubli, du dédain, du mépris des peuples, et non de l'auguste fonction de leur proposer des loix, si elle a pu t'échapper.

CHAPITRE IV.

De l'hérédité du pouvoir exécutif.

LÉGISLATEURS, vous n'avez pu méconnaître la souveraineté de la nation ; vous avez décrété que tout pouvoir en émane, art. III de la déclaration des droits de l'homme, et vous avez décrété l'hérédité du pouvoir exécutif ! Décréter qu'on doit hériter d'un pouvoir qui appartient à la nation, qu'elle seule a droit de donner ! décréter, dis-je, qu'on en héritera, sans son intervention, sans son aveu, et reconnaître que toute puissance émane d'elle, est une contradiction révoltante : c'est un aveu formel de vos attentats contre ses droits. Décréter que la loi, dont il n'est, et ne doit être que l'exécuteur passif sera avouée, sanctionnée, ratifiée par lui pour en avoir la force, pour être impérative, c'est bien décréter le mépris audacieux des loix, c'est bien lui mettre dans les mains l'arme la plus terrible, la plus dangereuse d'un despote, d'un tyran, c'est bien décréter l'esclavage.

Il a le droit de gouverner la nation, ou

il ne l'a pas ; s'il a le droit de la gouverner sans son aveu, de lui commander, elle n'est plus souveraine, la nation n'existe plus ; la souveraineté que vous lui donnez n'est plus qu'un mot vain et insultant, n'est plus qu'un outrage fait à 25 millions d'hommes. Tout rentre à votre voix fatale dans la stupeur effrayante des tyrans ; tout rentre dans le calme des forçats, qu'interrompt par intervalles le bruit des chaînes qu'ils secouent, qu'ils tentent de briser, mais dont votre génie infernal a voulu resserrer les nœuds, les horribles anneaux : mais si rien n'autorise ce vol impie des droits des peuples, législateurs, vous n'avez pu le légitimer, vous n'avez pu le lui donner ; votre décret n'est qu'un forfait audacieux, que l'intérêt du pacte social condamne comme attentatoire à ses droits, que l'histoire dément et désavoue, que la raison anéantit. Vous n'avez pu déclarer l'hérédité du trône inhérente à la famille du pouvoir exécutif existant ; vous n'avez pu le faire sans commettre un crime de lèse-souverain.

Vous aviez autant de droit de vous déclarer inamovibles, de décréter l'hérédité de la puissance législative ; vous aviez autant de droit de décider qu'elle passerait à vos enfans à perpétuité.

Ce dernier coup d'audace vous a manqué ; il ne fallait pas vous arrêter : il ne fallait que le frapper, peut-être, pour assurer l'effet de vos attentats contre les droits de la nation. Telle était, dans les jours de votre renommée civique, sa confiance insensée, son ignorance son engoûment servile, son respect stupide, il faut le dire, pour tout ce qui émanait de votre assemblée, que ce coup l'eût peut-être moins étonnée, moins effrayée que la proposition du *veto* absolu ; il eut été moins funeste à la liberté, moins funeste que l'hérédité du pouvoir exécutif, de ce pouvoir par sa nature nécessairement oppresseur.

S'enchaîner soi-même, prononcer qu'un étranger jouira d'une usurpation, d'un vol manifeste des droits de la nation ; prononcer qu'il en jouira à perpétuité, parce que sa famille en a joui depuis 750 ans ; prononcer qu'il continuera de violer les loix primordiales de la nature quand la nation est éclairée, parce que cette famille de tyrans les a violées dans des temps de ténèbres d'avilissement ; prononcer qu'elle restera dans l'abjection, parce qu'elle y a gémi ; prononcer qu'elle doit rester éternellement dans l'esclavage, parceque des brigands lui ont imposé un joug de fer il y a quatorze cents ans ;

prononcer que des droits imprescriptibles et généraux sont perdus pour jamais, parce qu'on nous les a ravis à main armée; prononcer que les peuples doivent vivre à jamais dans l'abrutissement, dans l'humiliation, parce que leurs ancêtres ont été pillés, volés, massacrés par de farouches brigands, par des assassins dignes du dernier supplice; c'est l'attentat le plus lâche, le plus abject, c'est un décret qui frappe d'un opprobre éternel, aux yeux de tous les sages de l'Europe, les membres corrompus qui l'ont porté; membres à jamais réprouvés par la nation, par un peuple qui veut être libre!

Perpétuer, cimenter la cause la plus grave de la servitude, l'étendre sur ses concitoyens, les dégrader du rang d'homme, pour le plaisir, pour plaire à des tyrans, avilir les générations, leur immoler, peut-être, cent milliards d'individus qui se succéderont pendant des siècles, est une scélératesse dont les annales de la corruption et des crimes ne fournissent point d'exemple.

Si vous joignez le *veto* à ce lâche attentat, vous aurez un système complet de tyrannie la plus infernale que des oppresseurs barbares ayent pu consommer.

Comme l'assemblée s'est avilie, dégradée,

s'est elle-même précipitée du rang auguste qu'elle occupait, par ce décret d'esclaves insensés! Qu'on se ressouvienne que je ne parle jamais que des conjurés qu'elle a dans son sein : rien n'est plus respectable à mes yeux que l'assemblée nationale; n'y eût-il que cent, que cinquante, que vingt-cinq députés citoyens, n'y en eût-il que dix, c'est-là, c'est parmi eux qu'est la diète de la patrie. Mais la croire représentée par un tas de conspirateurs qui ont trahi l'assemblée nationale, puisqu'ils ont trahi la nation ; quand je la vois menacée, poursuivie par la torche, par les poignards du fanatisme, de la guerre étrangère et civile; quand je vois la France prête d'être en cendre, c'est un devoir sacré d'élever la voix, de se faire entendre ; tous les patriotes doivent partager mes alarmes, approuver, encourager et mes plaintes et mes cris.

On aurait espéré, avec raison, dans l'hérédité du pouvoir législatif, dans douze cents individus, que tous ne seraient pas des déprédateurs des droits souverains du peuple, que tous ne seraient pas des spoliateurs, des assassins de la liberté ; et il est démontré que tout roi, sur-tout héréditaire, en est l'ennemi capital, le bourreau le plus forcené;

parce qu'il n'existe point de pacte social entre lui et les peuples, parce qu'un contrat doit contenir des obligations réciproques, doit contraindre également toutes les parties individuelles dont la réunion, dont la masse forme ce qu'on appelle la convention sociale.

Mais quand je vois que tout le peuple, que le souverain est sujet de la loi, tandis que lui, qui n'en est plus membre, qui n'est que roi, est inviolable ; mais quand je vois que tous les fonctionnaires publics ne sont que pour un court espace de temps ; que sa place, qui est la plus fatale à la liberté, est non-seulement à vie, mais héréditaire ; qu'il dispose de l'armée, qu'il dispose de tous les corps administratifs, qu'il entretient seul toutes les correspondances pendant la paix, qu'il peut rompre, quoi qu'on en dise, qu'il fait tous les préparatifs de la guerre, etc. etc. etc. ; quand je vois une telle masse d'autorité, je dis qu'il n'existe que tyrannie dans le chef, qu'esclavage dans la nation.

Tous les moyens d'anéantir la liberté se présentent en foule à ce fatal et immoral pouvoir exécutif. Un plan d'oppression dressé par une famille royale héréditaire trouve aujourd'hui de la résistance ; il reparaît demain, plus fort d'astuce, de crimes et d'audace; l'or, les attentats lui ont toujours frayé l'accès vers le but où elle tend sans cesse, tantôt par une marche lente, tantôt par une marche rapide et toujours tyrannique : des faits tout récens nous en présentent l'exemple funeste.

Ayant décrété l'amovibilité du pouvoir législatif, c'était une conséquence plus impérieuse de décréter l'amovibilité du pouvoir exécutif ; car étant oppressif par sa nature, car tendant toujours à usurper les droits souverains de la nation, il fallait lui mettre au moins une barrière aussi forte qu'au pouvoir législatif, qui est sans fonctions précises ; il propose des loix qui tendent toujours au relâchement, tandis que l'autre va droit au despotisme, par l'exécution unique et suprême qui lui est confiée. Quelle raison pouvez-vous apporter pour justifier cette préférence fatale ? Tout l'avantage est du côté de la puissance législative.

Vous étiez du moins nommés par le peuple ; et lui, c'est l'audace effrénée, le vol impie d'un féroce étranger, d'un usurpateur, d'un brigand, qui font tous ses droits. Ce sont tous ces titres qui ont d'abord porté un meurtrier farouche, un parricide, un Clovis, sorti avec ses complices des marais de la Meuse, du du Mein, du Rhin, sur le trône des Welchs I, des Gaulois, qu'il pilla, enchaîna, assassina. Cette race de barbares a régné pendant à-peu-près 300 ans sur leur pays désolé. Charlemagne fut un autre grand meurtrier sorti de l'Austrasie ou France orientale, qui dépouilla cette dynastie dégouttante du sang des Français, fameuse par ces attentats qui étonnent la nature; et un descendant du Vidichiud ou Vidikinq, nom sonore comme on voit, lâche Saxon traîné à la suite de Charles dit le Grand, pour avoir massacré environ vingt millions d'hommes, pour avoir couvert la Germanie, la Saxe, l'Espagne, l'Italie, du sang de leurs habitans et des malheureux Gaulois; et un descendant, dis-je, de ce *Vidichiud*, un *Hues* dit *Grosse-Tête*, un *Capet*, du mot latin *Caput*, ayant empoisonné les deux derniers rois Lothaire et Louis V, s'est assis avec audace sur ce trône, autour duquel erraient leurs ombres malheureuses.

C'est donc dans la race de Hues *Vidichiud*, législateurs, que vous avez déclaré la couronne héréditaire de mâle en mâle. Si les crimes, si le fer et le poison, peuvent légitimer le trône sur lequel on est assis, vous ne pouviez jamais mieux rencontrer: oh!

c'est de la prétendue loi salique, de cette chimère apportée, rédigée par ce barbare Clodvic ou Clovis, qui ne connut jamais d'autre loi que le fer, que vous êtes partis pour déclarer le trône héréditaire. Pauvres Solons, pauvres législateurs, lisez donc ce fantôme de loi, et vous verrez que quand il serait aussi vrai, qu'il est improbable, qu'il est faux qu'il l'eût rédigé, vous verrez, dis-je, qu'il n'y est pas plus question du trône des Gaulois, que dans *l'Alcoran.* Eh! quand il y en serait fait mention, comment une loi portée par ce barbare pourrait-elle être en faveur d'un Saxon, en faveur de la race actuellement régnante, qui n'a pas une goutte du sang de cet abominable *cicambre*, entre laquelle il y a l'usurpation de la famille de Pépin, qui a duré à-peu-près 300 ans?

Quoi! parce que *Hues*, surnommé *Grosse-Tête*, fut un fourbe adroit, un usurpateur hardi, un empoisonneur des deux derniers rois, descendans de Charlemagne, faudra t-il que la nation soit toujours asservie, enchaînée, tyrannisée, avilie, dégradée par ses descendans? Depuis quand le crime hérite-t-il à perpétuité? Quoi! parce que Charles de Lorraine, frère de Lothaire, et oncle de Louis V, succomba sous l'audace de Capet, coupable du crime de lèse-majesté, au premier chef, suivant l'antique et absurde langage; quoi! parce que la nation abusée fut vaincue pour la troisième fois, peut-être pour la dixième, faudra-t-il, quand elle est éclairée sur de pareils attentats, faudra-t-il que ses descendans appesantissent sans cesse leur sceptre d'airain sur cette nation généreuse, et abrutie, peut-être depuis dix mille années? Faudra-t-il qu'elle reconnaisse un maître, quand elle seule est souveraine? Un maître à la nation! On n'est pas encore assez effrayé, assez indigné de cet opprobre dont on l'avait chargée. Faudra-t-il que l'indigne perfidie *d'Ancelin*, évêque de *Laon*, soit un titre pour ses héritiers? Ne lui sera-t-il pas permis d'opposer des droits imprescriptibles, éternels à l'usurpation, au vol, au brigandage? Elle eût été en droit de les faire valoir contre Charles de Lorraine, qui n'était que le descendant d'un oppresseur plus antique: à plus forte raison peut-elle imposer des loix aux descendans de ce *Hues Capet*, sans qu'ils aient droit de s'en plaindre.

Nos droits sont sacrés, imprescriptibles, impérissables, inaliénables; ils sont aussi anciens que le sol que nous habitons, ils sont aussi anciens que le monde. Croit-on que le poison, le brigandage, les assassinats puissent légitimer aujourd'hui ceux que la scélératesse et la barbarie ont cimentés, sous lesquels on tente par tous les crimes de briser, d'écraser les premières loix de la morale et de la nature, qui sont la sureté, l'égalité, la liberté? Non, non, il est trop tard, brigands couronnés, reconnoissez les droits, la majesté des nations, que vos féroces ancêtres ont volées, saccagées, massacrées. On a déjà fait entrer des faisceaux de lumière dans le chaos infernal où ces monstres cachaient leurs forfaits; déjà leurs vies scélérates et barbares ont paru aux yeux des peuples indignés; la vérité saintement inexorable est enfin sortie des décombres sous lesquels de sacrés imposteurs, de sacriléges anachorètes, des scélérats canonisés l'avaient écrasée. Mais tremblez, tyrans, tout n'est pas dit.

Législateurs, il est prouvé par la raison, le jugement, la morale éternelle, par l'intérêt des peuples, autant que par l'histoire, que votre décision est téméraire, ruineuse, spoliatrice; que l'hérédité de la couronne, que l'hérédité du pouvoir exécutif n'est qu'un vol antique et audacieux fait à la nation. Elle a le droit éternel que nulle puissance ne peut légitimement lui ravir; elle a le droit, et il est triste qu'on soit obligé de le rédire, de modifier, d'améliorer son sort, de changer la forme de son gouvernement quand il lui paraît vicieux. Aujourd'hui il est stupidement monarchique; demain l'état républicain lui convient, son vœu se manifeste; roi, despote ou tyran doit courber sa tête, doit obéir: qui voudra opposer sa volonté individuelle à la volonté générale, se rendra coupable du crime de lèse-souverain. L'existence des rois, n'est qu'un forfait implicite. Il n'est pas de peuple qui ne veuille être libre, et leur but constant est de leur donner des fers.

La nation doit livrer, abandonner à la rigueur des loix tout roi qui soutient à main armée des prétentions au droit le plus sacré, qui est la liberté, qui doit être garantie par le contrat des peuples: s'il soudoie des scélérats de l'or que lui accorde la nation, il est à la fois parjure, ingrat, assassin, tout le sang qu'il fait répandre retombe sur sa tête criminelle. Un individu, un mandataire du peuple, un roi, aller contre la volonté publique dont il n'est que l'exécuteur, s'opposer à l'exécution du pacte social, est un crime dont la servitude sous laquelle nous étions courbés nous empêchait d'être assez effrayés.

Nous étions si accoutumés à regarder comme les droits d'une certaine caste, d'une famille d'oppresseurs, ce qui n'était qu'une expoliation audacieuse, qu'un vol hardi, qu'un brigandage à main armée, qu'un assassinat des droits souverains de la nation, qu'il faut une tête dégagée de tous préjugés, pour en concevoir toute l'étendue. Mais ne désespérons pas des Français, il n'y a plus que des esclave et des valets de la cour qui ne sentent point les atteintes profondes de la liberté. Combien d'idées vraies, éternelles va-t-elle réveiller dans leur ame frappée de stupidité, de mort, frappée tour-à-tour du sceptre d'airain des tyrans politiques, du talisman barbare des oppresseurs religieux ou sacrilèges! Enfin ce charme infernal, ce sommeil de fer est rompu.

Nul homme, nul citoyen n'a ressenti plus que moi, aux premiers momens de la révolution, des secousses plus profondes. A chaque mouvement tumultueux, mes larmes tombaient de joie, de crainte et d'espérance, j'éprouvais une émotion si terrible, que je n'aurais pu vivre peut-être un mois dans cette situation délicieuse et cruelle, et qu'on ne peut éprouver deux fois.

Quel charme pour une ame passionnée

pour la liberté, qui gémissait depuis sa naissance sous le plus affreux esclavage, qui prévoyait confusément les effets de cette révolution ! Il est vrai que j'étais loin de présumer que ceux mêmes qui étaient faits pour propager la liberté, deviendraient ses oppresseurs. La patrie triomphera de tous leurs efforts, de tous leurs attentats, de tous les crimes des tyrans : ils peuvent soudoyer, armer des scélérats ; mais qu'ils apprennent que leur tête repond du sang des citoyens.

Rois, oppresseurs, vous ne serez jamais ce que vous devriez être tant que vous serez héréditaires ; vous serez contaminés, vous briserez les ressorts moraux de l'empire, tant que la durée de vos règnes ne sera pas limitée à un temps fort court, tant que le pouvoir suprême exécutif ne sera pas divisé, tant que, par la plus lâche idolâtrie, par la plus absurde des fictions, on isolera, on supposera dans un individu toutes les qualités du cœur et de l'esprit, tous les talens qu'il faut pour conduire la machine si compliquée d'un grand gouvernement, machine difficile à diriger, sur-tout pour les méchans, pour les ennemis des mœurs, pour les tyrans. Tant qu'ils voudront écraser la liberté ; tant qu'il sera un mélange monstrueux de superbes institutions et de ce qu'ont de plus absurde, de plus révoltant les loix gothiques des brigands du Nord qui nous avaient asservis; tant qu'on élevera des scandales sur les débris des mœurs, tant qu'on sacrifiera les droits généraux de la nation à des intérêts individuels, on doit s'attendre à des maux incalculables. Si le peuple ne reprend ses droits souverains, dont des esclaves, dont des tyrans, dont des valets de la cour veullent le dépouiller, je dis que la France est perdue peut-être pour des siècles; je dis que la servitude a brisé le ressort moral de la nation.

J'ignore quel sera l'homme bienfaisant, le philosophe, qui pourra lui faire voir que son bonheur, ses devoirs, ses intérêts et ses droits sont unis d'une chaîne indissoluble. C'est une tâche longue et pénible. Je n'ai fait jusqu'à ce jour que lui faire entrevoir la masse totale des loix qui tiennent librement asservis, sous peine d'anathême, tous les êtres vivans, sensibles et raisonnables. Cette chaîne s'étend depuis l'esclave stupide, malheureux, qui frappe la terre de son front, jusqu'au despote le plus insolent, qui ne s'apperçoit pas qu'en renversant l'ordre de la nature, il achète par les fers qu'il étend sur des infortunés, des soucis, l'anxiété, les alarmes, et perd pour jamais le bonheur qui n'existe, qui ne peut exister pour le tyran comme pour l'esclave, sans égalité, sans liberté.

Mais peuple, chers concitoyens, mon espérance est en vous, en vous que nos ennemis outragent, calomnient. Il est en vous, écrivains, à qui la patrie est chère, qui faites pâlir les tyrans au milieu des licteurs entourés de faisceaux; tous nos efforts vont au même but, sont communs, sont égaux; tandis que vous dispersez les prêtres, je vais droit à l'idole, et j'ébranle ses autels.

J'ajoute ici ces réflexions à ce que j'ai dit ailleurs sur l'hérédité de la couronne, pour prouver de plus en plus l'audace des conjurés. Je rapporterai encore la fin d'un morceau que j'ai déjà cité; mais il ne faut pas se lasser de remettre sous les yeux de ses lecteurs ce qui est d'une vérité frappante et éternelle, effacée par le long oubli de nos droits, devenue presque un paradoxe pour des automates insensés, mais que l'homme libre embrasse avec transport. Il faut prouver que cette vérité, aussi ancienne que le monde, n'a point attendu la révolution pour éclore. Ecoutez, citoyens, vous tous dont le cœur a tressailli au nom sacré de liberté, écoutez ce que dit Rousseau, méditez ce que

dit ce grand homme dans ses Considérations sur le gouvernement de la Pologne ; il faut citer ce morceau pour faire rougir à ses yeux les conspirateurs de l'assemblée nationale.
» *Que deviendront*, dit-il, les *pacta conventa*
» les égides de la Pologne, quand une famille
» établie sur le trône à perpétuité, le rem-
» plira sans intervalle, et ne laissera entre la
» mort du père et le couronnement du fils
» qu'une vaine ombre de liberté sans effet,
» qu'anéantira bientôt la simagrée du ser-
» ment fait par tous les rois, à leur sacre, et
» par tous oublié pour jamais, l'instant
» d'après ? Vous avez vu le Dannemark, vous
» voyez l'Angleterre, et vous allez voir la
» Suède : profitez de ces exemples, pour
» apprendre, une fois pour toutes, que quel-
» ques précautions qu'on puisse entasser,
» hérédité dans le trône, et liberté dans la
» nation, seront à jamais des choses incom-
» patibles ».

Ceci n'est que pour composer avec les principes, car, je le répète, la royauté, même à vie, n'est qu'une force terrible qui brise tous les ressorts d'un bon gouvernement.

Rousseau en convient bien, puisqu'il dit
» que chaque règne est précédé d'un inter-
» valle où la nation rentre dans tous ses

» droits, reprenant une force nouvelle, » coupe les progrès des abus et des usur- » pations, où la législation se remonte et ré- » prend son premier ressort ».

Faut-il, dans un bon gouvernement, une place qui puisse abuser, usurper les droits de la nation, braver, enfreindre les loix, qui puisse paralyser, corrompre la législature?

Deux cents millions d'hommes peuvent vivre et mourir malheureux pendant un règne de vingt, de trente, de cinquante, de soixante ans; Eh! c'est ce vice radical qui en sera la cause.

Comment doit s'appeler un gouvernement où il existe une pareille place? Un monstre assis sur la ruine des mœurs et de toute constitution. Tout peuple qui veut en avoir une, doit donc soigneusement proscrire la royauté, même à vie. Il ne doit élire que des magistrats, entre lesquels le pouvoir exécutif sera partagé pendant un an ou deux tout au plus.

Que les rois, que les tyrans ne soient pas bien épouvantés de ces principes, ils peuvent se reposer encore sur l'abnégation de tout sentiment dans lequel ils avaient plongé les nations. Mais en faisant entendre ces vérités, j'ai payé une dette sacrée à ma patrie.

CHAPITRE V.

De l'inviolabilité.

Les hommes naissent et demeurent égaux en droits, dit l'article premier de la déclaration des droits de l'homme. Brisez donc, législateurs, cet arrêt qui vous condamne, qui prononce votre réprobation, cet arrêt émané de vous-mêmes; cet arrêt, ce droit prononcé par la nature, au moment eternel où elle laissa échapper de ses mains l'homme, la liberté, le jugement, la morale; ou anéantissez cette inviolabilité si absurde, si cruelle : j'en parlerai, je m'élcverai contre cette chimère effrayante, jusqu'à ce que j'aie vu un député vertueux, avouer dans la tribune que l'inviolabilité du roi, de ce mandataire du peuple, de ce fonctionnaire public, que l'inviolabilité des représentans de la nation, que l'inviolabilité de tout individu, n'est qu'un horrible délire, n'est qu'un horrible fantôme qui tient la porte ouverte à tous les excès de l'audace et de la férocité; n'est qu'un monstre moral, qui a vaincu en barbarie les siècles les plus dépravés. Comment a-t-on pu espérer que, dans celui-ci, on garderait le silence sur cet attentat des tyrans, qui pour un bonheur instantané, de fausses jouissances, des crimes individuels préparent au peuple des malheurs horribles, séculaires et généraux; qui veulent les combiner avec une indigne sécurité; qui veulent les commettre avec une lâche impunité; qui veulent enfin porter sur leurs fronts l'empreinte de la scélératesse, sans que le fer de la loi puisse frapper leur tête marquée de la réprobation publique, du sceau du crime et du malheur?

L'inviolabilité de scélérats armés contre la patrie, l'inviolabilité d'une tourbe de conjurés qui brûlent de se baigner dans son sang, qui n'attendent que le signal, les horribles succès des tyrans qui nous environnent, qui déjà dans leur exécrable espoir voyent le feu de la guerre étrangère et civile couvrir nos frontières de meurtres et de ruines, embrâser nos provinces, qui dans leur joie impitoyable nous ravagent, nous dévorent; c'est le comble de la démence impudente et barbare.

Il faudrait sans doute, Solons de Franckrey, pour se montrer dignes de recevoir votre auguste décret, que les enfans de la patrie vissent les poignards levés sur leur sein; qu'ils les sentissent enfoncés avant de se défendre.

Quel est le législateur imbécille et cruel, qui ose proposer de se soumettre à son délire, qui veut pousser jusque-là la dépravation de la nature, du sentiment inné qui pourvoit à sa propre défense ? Qui sont donc ces tyrans qui veulent régner sur l'oubli, le mépris des loix primordiales; nous régir en esclaves avilis, à qui il est défendu, sur l'ordre atroce et ridicule d'un homme, de faire usage des plus nobles facultés de l'homme, qui sont la raison, le jugement, la liberté ; qui veulent désarmer ou paralyser le bras armé des citoyens, leur opposer le talisman gothique de l'inviolabilité, qui prétendent charger de chaînes l'être qui pense, l'être leur égal, l'être libre comme eux ?

Vouloir enchaîner sur la terre le génie qui s'élance dans les cieux, qui mesure, franchit l'espace, calcule l'infini, voit, démontre la loi générale qui fait graviter tous les mondes vers un centre commun, et la force invincible, inhérente à leur masse, qui les emporte dans leur ellipse éternelle ; vouloir asservir le ressort universel, l'esprit incréé répandu dans la nature ; vouloir mettre le génie aux fers, le génie qui est Dieu, est une audace ridicule, sacrilége, est une conspiration impie contre les droits sacrés des peuples, est une conjuration pour replonger la race humaine dans l'abnégation des facultés morales, dans l'abjection, l'ignorance et l'abrutissement.

Chers concitoyens, gardez-vous bien de croire à cette inviolabilité prétendue ; il n'y a que le civisme et la vertu qui soient inviolables à jamais. Tout homme qui prétend être inviolable est un conspirateur, est un tyran, un scélérat épouvanté.

Citoyens éclairés, députés vertueux, vous ne réclamez pas ce décret stupide ; vous n'avez rien à redouter de la patrie ; vous n'avez qu'à vous féliciter de vivre dans son sein, de vivre au milieu de vos concitoyens : ils vous couvrent d'applaudissemens ; des larmes de reconnoissance ont payé vos efforts, quoique souvent vaincus : vous n'avez à craindre que ses ennemis. Eh ! croyez-vous, lâches conjurés, que votre décret arrêterait des ennemis étrangers, à moins que vous ne soyiez coalisés ? Croyez-vous quelque chose de sacré pour des Cosaques, des Pandours ? Ils vous immoleraient sur ce recueil, sur ce code indigeste où est inscrit votre décret de l'inviolabilité ; ils immoleraient votre idole, à qui vous l'avez décerné comme à vous, à moins qu'il n'existe un accord impie entre lui, vous, et leurs chefs.

Depuis l'origine du despotisme ou de la monarchie, car cela est égal, les états-généraux convoqués par des despotes, et remplis d'esclaves à leurs ordres, n'avaient pas poussé l'abandon de toute pudeur, jusqu'à passer en loi formelle l'inviolabilité des tyrans : c'était un opprobre qui manquait dans les annales de la servitude. Tout roi, tout oppresseur, tout brigand faisait bien taire les loix sur ses attentats, son calme farouche régnait bien sur ces tristes assemblées ; leur barbarie faisait bien taire les soupirs et les plaintes des peuples outragés ; mais les membres en étaient enchaînés, et l'on n'avait pas droit de les accuser ; ce n'était pas une consécration abominable et volontaire, un lâche désaveu des droits égaux de l'homme, un abandon, une vente à l'encan de la liberté, de la sureté des peuples.

Apprends, législateur, que la masse totale du peuple est seule inviolable, parce qu'elle est nécessairement toujours juste ; il ne doit compte qu'à lui de ses actions ; on ne peut punir le peuple ; tout ce qu'il veut, tout ce qu'il fait a pour but la conservation, le maintien du pacte social ; il ne peut en avoir d'autre. Ses institutions ne frappant que sur lui-même, il n'en doit compte à personne ;

il

il ne peut exister de plainte contre un vœu général.

Prenons, pour rendre la chose plus sensible, un exemple limité, après, on l'étendra par la pensée. Je suppose une agrégation, une société de mille individus, qui prennent à l'unanimité une décision; elle fait leur fortune ou entraine leur ruine. Dans le premier cas, tout le monde se félicite; dans le second, nul n'a droit de s'en plaindre, puisqu'en se conformant à la volonté générale, il n'a obéi qu'à la partie de cette volonté, qui est la sienne.

Étendons la supposition à dix mille, à cent mille, à un million, à vingt-cinq millions d'hommes, et nous aurons toujours les mêmes résultats.

Je sais que, dans une masse si énorme de peuple, il n'est pas aisé d'avoir, d'obtenir la majorité, l'universalité des opinions; mais la raison revêtue de toutes ses forces, la morale éternelle, sont les seuls juges irréfragables entre les contradicteurs. Si une décision est vaincue par elles, on doit la réformer; ou si des tyrans s'obstinent à vouloir lui donner force de loi, il naît de cette oppression individuelle une résistance publique, qui, quoique devant s'appeler générale, parvient quelquefois à être opprimée, parce que ses forces, quoique formant la majorité, sont souvent séparées, isolées, n'ont point un centre commun, et ne parviennent qu'avec le temps à former un corps qui renverse nécessairement l'œuvre barbare des oppresseurs.

Ah! que les représentans du peuple, qui sentent ces vérités contre lesquelles on ne peut faire que des sophismes, qu'on a honte de combattre, s'honoreraient en préparant cette motion, ce décret qui devrait anéantir cette inviolabilité, qui est la preuve la plus complète de la dépravation du gouvernement, de la nullité des moyens, de la nullité des forces morales, qui est la preuve qu'on a conduit, qu'on veut conduire les hommes par l'effroi, par l'épouvante, par le malheur: preuve implicite des crimes passés, présens et futurs de leurs tyrans.

Je vous défie, législateurs, de trouver une pareille loi rédigée dans les fastes de tous les brigands, qui, après avoir ravagé la terre, l'avoir saccagée, baignée de sang, ont voulu que le silence et l'effroi régnât autour d'eux; ils n'avaient pas poussé leur coupable démence jusqu'à croire pouvoir commander leur impunité; ils s'environnaient de toute la terreur que les forces physiques peuvent inspirer ; mais ils n'avaient pas espéré éviter leur supplice par une dépravation morale. Ce dernier cet incroyable coup d'audace leur a manqué, et vous était réservé.

Qu'on ne dise pas que cette loi, qui étonnera, qui indignera tout les sages, ne fut portée que dans un temps où les attentats du despotisme régnaient encore, pouvaient outrager les réprésentans de la nation ; ce serait une fausseté. Elle fut portée alors, mais renouvelée lorsque le peuple avait mis sa tête horrible et fumante à leurs pieds. Eh ! qui peut donc excuser cet inexcusable délire, ce lâche décret qui foule aux pieds la morale, les droits les plus sacrés de l'homme, les loix éternelles, invincibles de la nature, sans lesquels il n'existe que des tyrans subalternes, coalisés avec un tyran suprême, qui veulent régner par la déception et les malheurs de la nation?

On rit de l'infaillibilité du vice - dieu ultramontain, *du lama* de Rome, *du brama* des Indes, du *Wisnou* incarné, et de pareilles sottises données par des charlatans aux peuples grossiers, malheureux et stupides ; et nous qui foulons bien encore le sol de la Gaule occidentale, mais qui ne sommes plus des Welchs, des Keltes, mais qui pouvons le disputer en beaux arts, en philosophie, en sciences exactes à toute l'antiquité connue, qui, à plusieurs égards même, l'avons vaincue, on veut bien nous faire croire à douze cents et un hommes infaillibles. Car si les douze cents représentans du peuple et le roi sont inviolables, ils sont nécessairement infaillibles. L'inviolabilité n'est qu'une conséquence de l'infaillibilité. Posons la question en termes précis. S'ils sont des êtres au-dessus de l'humanité, s'ils sont d'une nature plus parfaite que le reste des hommes, obéissons. S'ils sont soumis aux mêmes erreurs, aux mêmes vices, aux règles de la nature comme le reste des humains, comme le reste de leurs égaux; s'ils sont soumis, s'ils sont sujets aux mêmes défauts, s'ils peuvent commettre un crime égal, s'ils peuvent être des scélérats, ils doivent être punis comme eux; le même crime doit les trainer à l'échafaud, ou la loi n'est qu'un vain simulacre, ou le crime est au-dessus des loix; ou il n'y a dans l'empire que des tyrans et des esclaves; ou il faut déchirer le code de la nature; ou il faut briser la déclaration des droits de l'homme; ou il faut courber une tête avilie sous douze cents despotes, au lieu d'un seul, dont les caprices regissaient, désolaient la France; ou il faut dire qu'on a décuplé la servitude en nous parlant de liberté ; ou il faut enfin que l'homme libre, fier, sensible et intrépide, pleure sur les ruines de sa patrie et de la liberté, et que le poignard de Caton interrompe ses soupirs et ses larmes.

CHAPITRE VI.

Responsabilité des Ministres.

LÉGISLATEURS, vous êtes dans une erreur funeste, si vous croyez avoir posé, par la responsabilité, une borne capable d'arrêter les attentats du pouvoir exécutif. Que feront vos décrets contre l'autorité du despote que vous avez armé, quand sa volonté investie de toute la force nationale, quand ses caprices planeront sur votre assemblée, et dicteront des loix? Car, n'en doutez pas, si la royauté subsiste comme vous l'avez déterminée, le despotisme, par des usurpations rapides et progressives, reprendra bientôt plus qu'il n'a perdu. Votre autorité passive sera obligée de fléchir, de ramper sous son exécution imposante et terrible; et bientôt avilie, dégradée, insultée, anéantie par ses janissaires, par des scélérats soudoyés, vos enfans verront, et peut-être vous mêmes, le fatal présent que vous lui avez fait.

Le pouvoir législatif, par sa nature, doit toujours être opprimé par la tyrannie exécutive, héréditaire. L'hérédité est le nœud qu'il fallait briser, et qu'il faut que les peuples délient, ou je ne prédis que des fers, l'anarchie, et jamais de liberté. Je le redis encore une fois pour toutes, ou plutôt je ne cesserai de rappeler cette vérité capitale, jusqu'à ce que j'aie vu déclarer, par un décret authentique et vraiment constitutionnel, le trône électif amovible de deux ans en deux ans, comme le pouvoir législatif.

Cette proposition épouvante les tyrans, étonne les esclaves et beaucoup de bons citoyens qui aiment la liberté, mais qui ignorent ce qu'il faut faire pour en jouir et la conserver.

Je ne parle de trône que pour me conformer aux idées reçues; car appelez celui que vous revêtirez d'une portion d'autorité, chef, président, consul, n'importe, pourvu que cette autorité ne soit point suprême et inamovible : qu'elle soit au contraire limitée pour le temps, divisée par le droit comme elle l'est nécessairement par le fait. L'égalité entre les membres entretient la rivalité, et la rivalité entretient la liberté. Mais reprenons notre langage ordinaire dans l'état des choses actuelles, sans tirer à conséquence.

De quel droit le pouvoir exécutif serait-il, je ne dis pas héréditaire, mais d'une plus longue durée que le législatif? J'ai prouvé au chapitre de l'hérédité que tout l'avantage était du côté de ce dernier, quelque fatale que pût être pour la liberté cette prérogative insensée de tout pouvoir héréditaire.

Faiseurs de loix, par quelle fiction ridicule, dangereuse, oppressive, prétendez-vous placer au timon des affaires un être purement passif en apparence, et dont l'activité réelle et fatale brisera, franchira toutes les bornes qu'on prétend lui opposer? Qu'est-ce que c'est donc que ce fantôme que vous placez sur le trône? D'une main vous l'armez de tout ce que le despotisme a de plus terrible; et de l'autre vous l'avilissez par vos fictions risibles et contradictoires. Vous en faites nécessairement un être négatif, abstrait, une absence; après l'avoir revêtu par une fiction absurde, impossible, de toutes les qualités morales, rassemblées à peine dans la tête de tous les sages, vous le dépouillez aussitôt de toutes ces qualités, vous l'exemptez de toute responsabilité par une supposition aussi révoltante que funeste, qui fait honte et pitié.

Qu'est-ce que c'est donc que votre roi dont les ministres couvrent tous les attentats? Il aura beau leur ordonner, eux-seuls sei ront responsables ; par ce décret inique envers les ministres, vous prononcez la nullité absolue du monarque ; car s'il agit par lui-même, un autre ne doit pas répondre. Eh ! qu'est-ce qu'un roi qui n'agit pas ? Ce n'est qu'un fantôme inutile et dévorant ; ce n'est qu'une roue posée en sens contraire, qui arrête par sa force fatale, qui paralyse le mouvement général de la machine politique. Dans quelles contradictions étranges, dans quel embarras on se précipite quand on abandonne la raison, la morale éternelle, pour s'appuyer sur des chimères extravagantes, ridicules et funestes !

Désarçonnons les Démeuniers, Chapelier et consorts, de dessus leur cheval de bataille. Répondez Sénateurs, législateurs dignes des *Hérules*, des *Huns*, et des *Bulgares* ; comment exercerez-vous votre responsabilité contre un ministre aussi pervers, aussi scélérat que son maître ? comment l'atteindrez-vous au milieu des satellites du tyran ? comment lui ferez-vous porter sa tête sur l'échafaud, quand il montrera un ordre signé *Louis* ? Si vous frappez sa tête, prononcez donc qu'il n'est point ministre du roi ; qu'il peut désobéir à ses ordres ; qu'il peut agir, et agit en son propre nom, ce qui peut seul le faire punir ; et s'il n'agit que de sa volonté, votre roi n'est qu'un *zéro*.

Répondez, lâches déserteurs de tous les partis, répondez à ce dilemme ; ou le roi agit par lui-même, ou il n'agit que par ses ministres ; s'il agit par lui-même, un attentat capital doit faire tomber sa tête sous le fer du bourreau, et non celle de son ministre ; s'il n'agit que par la volonté de son agent, il n'est pas roi. Ce n'est qu'un fantôme à qui vous en donnez le nom, ce n'est qu'un être nul, qu'un être paralysé, ce n'est qu'un simulacre qui fait agir par une fiction bizarre le pouvoir exécutif. Rougissez de n'avoir fait, après tant d'efforts, qu'un être fantastique, qu'une chimère qui s'évanouit, qui tombe dès qu'on ose l'attaquer, qu'un être gigantesque, qu'un colosse ruineux ; enfin il n'est point l'exécuteur suprême, s'il n'exécute rien.

Jamais les sauvages, les barbares antiques et modernes, n'ont rassemblé dans la personne de leurs chefs, dans les monstres les plus ridicules, auxquels leur folie a donné le nom de dieux ; jamais, dis-je, ils n'ont rassemblé tant de contradictions révoltantes. Eh ! C'est là, grand dieu ! le comité qui prétend constituer l'empire ! Eh ! C'est là le conciliabule qui prétend nous donner ses fantômes pour des loix irréfragables! Eh! C'est là l'antre où l'on nous forge des fers, en nous parlant du respect dû à la loi! Oui, lâche comité, nous respecterons la loi; mais souviens-toi que c'est la volonté générale qui la fait, et non ta volonté tyrannique, individuelle, et non ton assassinat prémédité de la liberté. Crois-tu donc régir des *Iroquois* et des *Topinamboux*, pour nous donner tes délires avec une audace si puérilement profonde? Crois-tu donc que nous serons à génoux, que nous baisserons un cou servile sous le joug que ta main criminelle et forcenée nous prépare? Ton projet barbare est brisé en naissant. Apprends que Paris a dans son sein plus de 500,000 hommes en état de te juger; de te juger coupable du crime de lèse-souverain. Apprends qu'il n'y a pas dans l'empire, une ville, un bourg, un village, un hameau, où les lumières, où la liberté de la presse n'aient porté tes forfaits! Tu voudrais bien changer cette liberté en tyrannie de la presse; si tu avais la lâcheté inutile de vouloir assassiner ainsi la propagation des pensées, le libre exercice des facultés morales; si tu voulais porter ce coup funeste à l'intérêt des peuples, tyran collectif, je ne réponds pas de ta tête.

Mais le pouvoir exécutif n'étant dans le repos que par une supposition absurde, il saura bien mettre ses ministres à couvert de la vindicte publique, par l'exécution unique, suprême et terrible qui lui est confiée, par tous les moyens dont vous avez armé ses mains fatales. N'a-t-on pas vu au moment de votre décret de la prétendue responsabilité, au moment que l'on croyait que les nœuds de sa puissance tyrannique étaient rompus ; n'a-t-on pas vu, dis-je, échapper des ministres convaincus de perfidie, de conjuration contre la patrie, d'avoir trempé leurs mains barbares dans le sang des malheureux citoyens de Nanci, de Nimes, de Montauban? etc. etc.

Que serait-ce si le ciel dans sa fureur remettait sur le trône des Français tant de rois, l'opprobre éternel de la race humaine ; tous les despotes, tous les tyrans, tous les monstres qui l'ont déshonorée? Si un *Louis XI*, un *François Ier*, un *Henri second*, un *François II*, un *Charles IX*, un *Louis XIII*, un *Louis XIV*, sortaient, s'arrachaient des enfers, et venaient s'asseoir sur le trône de la nation ; sur ce trône autour duquel ils ont semé pendant des siècles d'horreur et l'épouvante?

Si on n'anéantit pas l'hérédité de la couronne, on reverra la France abattue sous le glaive barbare du despotisme ; toutes ses fureurs renaîtront, et les mains de l'esclavage rebâtiront des cachots, des donjons, des bastilles, où l'on maudira encore mille fois le jour de sa naissance, dont les murs seront souillés du sang des malheureux amis de la liberté ; les tortures, les lacets, les poisons, jetteront encore de nombreuses victimes dans les champs de la mort ; le calme, l'effroi, règneront : cette insurrection vertueuse passera encore dans les pages des tyrans et des esclaves pour une révolte audacieuse ; la mémoire des vrais défenseurs du peuple sera flétrie, l'assemblée nationale sera anéantie, ses plus fermes appuis traités de factieux ; et les Maury, les Cazalès, les Mirabeau, seront cités avec honneur ; et les tyrans futurs, instruits de ce que peut une assemblée nationale, toute imparfaite qu'elle est, se garderont bien d'en jamais convoquer. L'odieux gouverment ferait plutôt mille fois banqueroute, que de rassembler de toutes les parties de l'empire les représentans du peuple français.

Alors, si l'hérédité subsiste, avant cinquante, avant vingt-cinq ans, le despotisme sera seul, pourra tout oser : plus de corps qui puissent lui résister. Plus de noblesse, plus de parlemens, plus de clergé ; on n'aura travaillé que pour lui, et on n'aura rien fait pour la nation. Rien qui puisse résister. Français, législateurs, c'est-elle qui vous crie, anéantissez cette prérogative nécessairement despotique, qui a fait tous les malheurs de la France, qui a couvert l'Europe et toutes les parties du monde où elle est connue de maux incalculables. C'est-elle qui a arrêté les progrès de l'esprit humain. On peut dire que si l'audace impie d'un brigand est la mère de l'hérédité, l'hérédité est la mère de l'ignorance, de presque tous les crimes, des malheurs moraux qui ont désolé les empires.

Il ne faut plus que le mandataire du peuple puisse dire mes ministres, ce qui fait bien entendre qu'il leur commande à son gré ; il faut qu'ils ne soient plus les ministres du roi, ce qui est ridicule et révoltant, mais ceux de la nation ; que ce soit le peuple qui les nomme, et les dépose.

Quoi! ces agens subalternes influeront sur la sureté de l'empire, pourront compromettre le salut du peuple, et ce ne sera pas au peuple qu'ils en répondront! Il faut être bien courbé sous le joug d'un despote, pour lui remettre le soin impossible à remplir, pour lui, de tout faire à son gré. On a fait une grave question pour savoir si la nation ou ses représentans avaient le droit de renvoyer des ministres diffamés. Comme la servitude a brisé, a éteint les lumières de la raison ! Eh ! *Welchs* barbares, *serfs attachés à la glèbe*, elle a le droit de les renvoyer, de les punir ; et c'est par une confusion abominable de tous les droits, de tous les pouvoirs, qu'ils y sont sans son aveu. Puisqu'ils influent sur les affaires générales, ce doit être la volonté générale quiles appelle, et non une volonté individuelle. Il n'y a qu'un stupide valet de la cour, le satrape d'un despot, qui puisse trouver que ces vérités ne sont pas aussi claires que le jour.

Mais, disons davantage ; réduisons au silence et à l'effroi le maître et les esclaves. Quoi ! on ose dire que la nation n'a pas le droit de demander, d'ordonner le renvoi des ministres de ses affaires ! Quoi ! bâtards des Ilotes, la nation, seule souveraine, n'a pas le droit de renvoyer, de faire tomber la tête de perfides agens de son pouvoir, de ses agens subalternes, quand il n'est pas de loi au monde qui puisse la contraindre de conserver son agent, son ministre suprême, qui puisse l'empêcher de le précipiter de ce trône qui n'appartient qu'à elle, sur lequel elle seule a des droits héréditaires et éternels; quand il n'est pas de loi qui puisse garantir sa tête, s'il trahit la liberté, s'il outrage l'homme, le citoyen, s'il devient un tyran, s'il emploie contre le peuple la force, qui ne lui fut confiée que pour le défendre, malgré l'inviolabilité dont nos dignes représentans l'ont investi!

Quoi! je ne pourrai pas arracher des mains d'un indigne monarque, d'un assassin, un poignard dégouttant du sang de mes freres, que j'ai vus massacrer sans pitié, sans remords, comme sans cause légitime! Je verrai ce monstre avancer, lever sur moi son bras ensanglanté; je ne pourrai pas le désarmer, le renverser, le frapper et l'abattre à mes pieds: il faudra que je me laisse égorger! Il n'y a qu'un atroce insensé qui puisse consacrer cette barbarie. Périssent tous les tyrans héréditaires, plutôt qu'un innocent, qu'un homme vertueux soit leur victime!

CHAPITRE VII.

De la loi martiale.

S'IL est une loi, ou simulacre de loi qui décèle l'impéritie du législateur, ou la soif du sang d'un peuple qui brise ses fers, c'est celle-là. S'il est une loi qui favorise un tyran et ses barbares satellites, c'est celle-là; s'il est une loi qui dise : obéis ou meurs, c'est celle-là.

Ineptes législateurs, je souffre d'être obligé à chaque pas de vous convaincre de crime, ou d'ignorance de l'art de conduire les hommes. Il vous faut donc l'appareil infernal de la guerre pour prêcher la vertu, la morale, la raison toute-puissante chez les hommes, quand on la leur montre revêtue de toutes ses forces ; mais c'est ce que vous ne savez pas, ou ce que vous feignez d'ignorer. Faites des loix qui ne soient appuyées que sur elles, vous verrez, législateurs impitoyables, s'il est besoin d'un décret, d'une loi de sang, pour commander l'obéissance au peuple: mais quand vous foulez aux pieds ses droits pour servir des tyrans, quand vos décrets écrasent la liberté, ce peuple que vous calomniez, que vous massacrez ; ce peuple dont l'esprit est droit, le cœur est juste, se rassemble pour se communiquer ses idées, ses inquiétudes et ses plaintes, pour les déposer devant vous ; et, pour toute réponse, vous l'assassinez, vous ne savez que rougir ses lambeaux de son sang malheureux. Indignes humains qui versez sans pitié le sang du pauvre, que vous êtes coupables ! Vous ignorez donc, barbares, que la justice que l'équité incorrompue n'est peut-être plus que chez ce peuple encore tout près de la nature ; que chez vous le ressort moral est usé ; qu'il n'y a rien à espérer de vous, qu'un mélange horrible de corruption sociale, de dépravation monarchique, de tyrannie et de servitude : j'excepte toujours les décrets qu'ont fait porter les vrais représentans de la nation, dans les momens de votre épouvante ; autant je les révère, autant je vous déteste.

L'avez-vous vu s'ameuter, s'indigner, quand on a décrété les droits de l'homme ? Non, non, cruels, non, non, barbares, sa reconnoissance et ses applaudissemens vous ont couverts ; vous avez entendu, d'un bout de la France à l'autre, le peuple transporté voir en vous des dieux tutélaires ; vous pouviez alors lui faire tout entreprendre : mais aujourd'hui il vous verrait tomber sous la hache du tyran que vous avez armé; il le verrait, et il dirait : ils l'ont mérité ; notre sang leur a donné la liberté, et ils ont voulu nous enchaîner.

Vous l'avez vu inquiet, alarmé, effrayé, se répandre en groupes tumultueux dans les places, dans les promenades, dans les jardins publics, se rassembler, se communiquer son effroi, se rouler dans ce palais-royal, qui doit s'appeler aujourd'hui *le palais de la liberté*, lorsque des assassins enrégimentés vous environnaient ; vous l'avez pu voir sans répandre des larmes ! Vous avez vu, de son enceinte auguste, les citoyens, le peuple en foule marcher, courir à la mort pour vous défendre, et vous n'avez pas rougi, sitôt que le danger a disparu, de lui défendre par une loi de sang de se rassembler pour s'instruire des intérêts communs ! Vous redoutez des citoyens désarmés et paisibles, qui s'assemblent dans un jardin, quand toute la France est en armes, quand toute la force est en vos mains ! S'ils commettent quelque infraction à la loi, punissez-les ; voilà à quoi se bornent tous les droits de la société.

Tous les tyrans redoutent le rassemblement des peuples, parce que c'est de là que partla masse des lumières qui découvre leurs forfaits, et peut braver leurs fureurs. Ils veulent isoler, parce que leur force tyrannique, qui ne peut rien sur la masse totale, peut opprimer aisément un individu. L'union des peuples, qui est la consolation de l'homme, sa sureté, est pour eux un sujet d'épouvante, est leur ruine. La France est sauvée par le pacte fédératif des amis de la constitution, qui règne depuis Nanci jusqu'à Marseille. Tous vos efforts, oppresseurs de la liberté ont été pour diviser le peuple. Vous avez profité d'une erreur, d'un fait dont on est trop éclairci, et qui, quand il serait aussi vrai qu'il est douteux, n'est jamais qu'un malheur individuel, qui ne peut provoquer une autre loi générale que celle déjà portée. Le crime ayant été individuel, la punition devait l'être, vous deviez vous arrêter là; et vous frappez sur toute la société! Est-ce la première fois qu'un homme est massacré dans une émeute populaire? Vous avez assassiné le meurtrier, n'étiez-vous pas satisfaits? Pouvez-vous dire qu'il n'existait pas de loi pour le punir? Elle ne frappe que sur le coupable; mais c'est ce qui n'accommodait pas vos cœurs impitoyables; vous vouliez épouvanter par cette loi martiale, par cette loi de sang, ceux qui ne l'étaient pas.

Votre code barbare n'est point encore réformé : chez vous, la loi commet pour un assassinat le même crime qu'elle veut punir. Jurisprudence infernale ! jurisprudence ou plutôt *juris-démence* de bourreaux insensés ! Nous en avons parlé dans notre *code de la nature* (*), qui n'est qu'un essai, un précis. Nous n'en dirons pas ici davantage.

Cette loi martiale, ce simulacre sanglant de la volonté nationale prouve la nullité, la barbarie du législateur, prouve qu'il ne sait commander que par le fer et le feu, et non le conduire par la morale ; prouve qu'il ignore que les vrais intérêts, les vrais besoins de l'homme sont liés d'une chaîne indissoluble avec ses devoirs ; si elle n'existait pas, il serait coupable nécessairement, et cette nécessité excuserait, légitimerait tous ses forfaits. C'est cette chaîne pressante et invisible, que les tyrans voudraient rompre et qui leur résiste, de la force physique et morale de tous les êtres, depuis la durée éternelle des siècles rou-

(*) Il est imprimé en 1788 sous le nom du pere Parennin ; on y verra que je n'ai pas attendu la révolution pour détester les tyrans politiques et religieux. Il se trouve chez Leroi, libraire, rue S.-Jacques, vis-à-vis celle de la Parcheminerie.

lans sans cesse avec les mondes ; puissance qui n'attend que le moment pour éclore : mais une fois connue, elle vivra et écrasera tous les tyrans. L'imprimerie , la liberté de la presse la fera sortir des ruines de cent siècles écroulés, et la conservera.

Elle a existé, et vit peut-être quelque part encore. Elle gouverne quelque plage heureuse et inconnue ; elle n'est que là : la chercher dans l'Europe , l'Asie , l'Afrique et l'Amérique, fréquentées des Europeans , ce serait perdre ses peines ; par-tout la tyrannie et la superstition ont écrasé la morale. Plusieurs philosophes ont entrevu son existence ; le bon abbé de S. Pierre l'a apperçue ; Rousseau s'en est quelquefois éloigné , en croyant se rapprocher de la nature : mais je m'abuse, ou sa voix va se faire entendre en France ; cent siècles écoulés ne sont qu'un point, ne sont plus rien dans leur vol invisible, dans leur torrent inépuisable, dans la fuite éternelle, fixe et instantanée des êtres, des mondes qui se détruisent, se reproduisent, se brisent, renaîtront encore, se briseront, et renaîtront sans cesse.

Quoi ! c'est encore ce Mirabeau qui propose, qui rédige cette loi, qui, toute barbare qu'elle est, est loin d'être rédigée comme il le voulait. Sans un membre de l'assemblée, qui demanda par amendement qu'on ne pût la mettre à exécution, sans que les soldats eussent au moins un officier municipal à leur tête ; homme respectable, l'humanité te remercie ! C'est ton amendement qui a sauvé la France de la fureur de la soldatesque étrangère et vendue à des tyrans.

C'est ce Mirabeau qui, après avoir tenté la ruine de la liberté par le *veto* absolu, est encore le rédacteur de cette loi funeste. Quoi ! c'est pour lui, c'est à sa mort, que ses complices, peuple malheureux, ont voulu surprendre ta pitié, t'arracher des larmes, te le peindre comme le martyr de la liberté; lui, qui par cet horrible décret, a fait rétrograder la révolution. Tout allait au but par la volonté nationale, par cette volonté qui ne peut être mue que par l'intérêt public, que par l'intérêt de tous, que par le *salus populi suprema lex* ; la révolution s'achevait sans effusion de sang ; la terreur que le peuple inspirait aux ennemis de l'état les arrêtait, les enchaînait ; il a éteint son énergie, et rallumé l'audace des conjurés ; à l'abri de cette loi, ils ont ouvertement conspiré contre la patrie ; les tyrans ont osé braver le peuple ; ils se sont coalisés de toutes parts dans l'empire ; ils ont fait des associations impies avec les tyrans étrangers ; des flots de sang français sont prêts à couler, et c'est son son ouvrage.

Législateurs, montrez aux hommes le bonheur avec la loi, montrez-leur que leurs besoins, leurs plaisirs, leur tranquillité, leur sécurité, sont étroitement liés avec elle ; alors vous verrez s'il faut du fer et du canon pour qu'ils s'y soumettent ; à moins que vous n'en supposiez la majorité, la masse totale, insensée, ils obéiront. Mais ce fantôme de loi, ce fantôme effrayant, n annonce que la volonté, que l'influence l'ascendant des tyrans ; montre à nu l'ignorance du législateur, décèle sa cruelle impéritie, démontre sa fatale impuissance de conduire le peuple à ses devoirs, à la vertu par ses propres intérêts.

Cette barbarie martiale nous rejette au temps des Goths, des Huns, et des Vandales, prouve qu'il appercevait lui-même les défauts monstrueux de ses décrets spoliateurs, qui devaient assassiner la liberté ; prouve que la majorité de l'assemblée n'est qu'un tas de publiscistes des tyrans, annonce que ses décrets ne sont que pour eux et non pour le salut du peuple.

Ce simulacre ensanglanté, à qui on a prostitué le nom de loi, au mépris des réclamations publiques, au mépris de la volonté générale, est un énorme attentat aux droits les plus sacrés de l'homme. Quoi! juristes impitoyables, quand je ne vois point la justice éternelle empreinte dans vos décrets, que je me présente désarmé, que je m'en plains, vous m'allez égorger, vous m'assassinez si je ne fuis à votre voix ennemie! Quel mépris de l'humanité! Quelle ignorance de la morale sur lesquelles doivent être appuyés tous les leviers, tous les ressorts d'un empire, si l'on veut qu'il soit à l'abri de ces agitations, de ces convulsions, qui le précipitent plus ou moins tard vers sa ruine.

CHAPITRE VIII.

Du marc d'argent.

Nous voilà arrivés à ce décret sordide, à ce décret honteux, qui seul suffirait pour faire réprouver la majorité de l'assemblée nationale qui l'a porté.

Que doit-on chercher parmi les représentans de la nation? Du civisme, des talens et des vertus : il n'est pas d'homme assez corrompu, assez stupide, assez insensé pour me contester la réponse, pour me nier le principe; il n'en existe que parmi les conjurés de notre sénat gaulois. Cet ouvrage n'est dirigé que contre ces hommes diffamés, perdus dans l'opinion publique, dénoncés à tous les citoyens; s'il se trouvait quelqu'un d'assez dépravé, assez dénué de pudeur pour oser s'en offenser, il se rangerait, par le fait, parmi ce tas de conspirateurs, sur lequel l'œil indigné de la nation est arrêté.

Placé entre deux décrets contradictoires, je ne peux invinciblement choisir que celui qui porte sur la raison éternelle, sur l'intérêt, le salut de tout l'empire, et couvrir de haine et de mépris celui qui enfreint avec audace lès droits les plus sacrés des citoyens.

Comparons ce décret stupide du marc d'argent avec l'article VI de la déclaration des droits de l'homme. « Tous les citoyens » étant égaux aux yeux de la loi, sont également admissibles à toutes dignités, places » et emplois publics, selon leur capacité, et » sans autre distinction que celle de leurs » vertus et de leurs talens ».

Insensés, avares décréteurs au *marc d'argent* ! Cela est-il précis? Cet article, ou plutôt son infraction vous couvre-t-elle d'opprobre? Il faut que ce lâche décret soit anéanti, ou que la France, ou pour mieux dire, l'assemblée nationale, soit la fable de l'Europe. Si elle ne se hâte de détruire ce fantôme de loi, ce simulacre honteux et extravagant du vœu national, auquel la nation ne peut ni ne doit obéir, parce qu'elle doit une obéissance facile, raisonnée et volontaire à l'article VI de la déclaration des droits de l'homme, que cet article est éternel, et diamétralement opposé à ce décret; parce qu'elle ne doit obéir qu'à la loi, que la loi est l'expression de la volonté générale; que l'intérêt public, que l'ordre collectif et souverain des peuples est foulé aux pieds, qu'il commande impérativement la réprobation de ce décret lâche et individuel.

Le *marc-d'argent* est un mot composé, vide de sens précis, qui ne représente qu'une valeur idéale, et non une valeur fixe, intrinsèque et réelle. Je soutiens qu'on ne peut prendre une pareille base pour un principe constitutionnel, pour asseoir les loix de la nature, pour régler l'admission à un droit éternel.

Qu'est-ce en effet qu'un *marc-d'argent*? C'est une valeur fictive qui a été soumise aux besoins, aux dilapidations, aux caprices de nos tyrans. Ne remontons qu'à Charlemagne, nous le trouvons de dix sous, ou dix solides, du mot latin *solidum* : nous le verrons changer de valeur sous presque tous les règnes; sous *Philippe-le-Bel*, le roi *Jean*, *Henri* II, *Henri* III, *Henri* IV, sous *Louis* XIV, sous *Louis* XV, et sous tous les déprédateurs qui ont gouverné la France. Ceci est pour attaquer nos tyrans par-tout où ils pourraient faire résistance; ceci n'est que pour prouver l'ignorance des conjurés de l'assemblée nationale, qui osent usurper le titre de législateurs, que les peuples leur dénient, qui prétendent enchaîner la nation à ce décret avare, insensé, à ce décret qui renie les dix-neuf vingtièmes de la nation.

*

En fixant à cinquante-quatre livres le droit d'être élu, vous n'ignorez pas que vous réprouvez nécessairement plus de la moitié de la nation ; que vous ne pouvez supposer que cette somme puisse être payée par tous les individus, ou vous auriez un excédent d'imposition d'environ huit cents millions ; elle passerait tous les besoins passés et présens de l'état. Vous n'avez donc pu la proposer, sans prétendre exclure de l'assemblée nationale le majorité de la nation.

Mais qu'est-ce qui fait la loi ? C'est la volonté générale, l'opinion publique, la volonté nationale. Qui fait l'opinion publique, la volonté de la nation, si ce n'est le vœu de la majorité ? Donc votre décret est nécessairement réprouvé par cette majorité qu'il exclut : donc, loin qu'il puisse avoir force de loi, c'est la loi qui le condamne.

Par un calcul simple, votre décret au *marc-d'argent*, à vingt-cinq millions d'individus, donne treize cent cinquante millions.

Un décret qui, s'il était exécuté, empêcherait la majorité de la nation, qui fait la loi, d'être représentée, ne peut être porté ; car qui représenterait la caste intéressante de ceux qui ne payent point le *marc-d'argent ?* Serait-ce ceux qui le payeraient ? il y aurait contradiction ; ils représenteraient ceux de la caste au *marc-d'argent*, et non ceux qui payeraient une imposition inférieure.

Qu'ils payent au moins l'imposition de ceux qu'ils prétendent représenter. Mais non, ils n'y consentiraient pas, ils veulent être représentés comme eux, et le seront.

S'il y avait un quart de la nation qui payât 75 liv., en compensant ceux qui ne payeraient que le marc-d'argent, par ceux qui payent davantage, vous auriez environ 500 millions; et les trois autres quarts ne payeraient rien.

Je passerais que les autres législatures donnassent des décisions irréfragables, si leurs membres pouvaient jamais être investis, par leurs commettans, du pouvoir impossible d'en porter. Mais vous, députés d'ordres qui n'existaient plus lorsque ces décrets spoliateurs l'ont été, vous dont l'existence est un monstre dans l'assemblée, vous qui n'y siégez que par anarchie, que par une subversion des droits du peuple, que par un oubli, que par un abandon momentané de la loi, de la volonté nationale, de quel droit voulez-vous enchaîner les peuples, par le délire de cinq ou six cents individus ? Car vous n'avez jamais été, et vous êtes encore moins les représentans de la volonté générale ; vous ne l'étiez et ne l'êtes encore que de quelques oppresseurs. C'est la volonté du peuple qui doit planer sur l'assemblée, c'est l'opinion publique qu'elle doit décréter, ou elle cesse d'exister, ou la masse imposante de 25 millions d'hommes n'est point représentée, ou la volonté individuelle écrase la volonté publique.

Je suis trop juste pour être ingrat, je reconnais tout le bien qui a été fait; mais ce n'est pas l'ouvrage des conjurés, c'est celui des vrais représentans du peuple. S'ils pouvaient, ils l'anéantiraient; ils anéantiraient la déclaration des droits de l'homme, qui les accable; ils anéantiraient la répartition égale des impôts; ils releveraient les colosses ridicules et barbares de la noblesse héréditaire et de la féodalité, tombés au cinquième siècle sur le pays des bons Gaulois, tombés avec les barbares *cicambres* qui ruinèrent, volèrent, saccagèrent, assassinèrent la nation, la déclarèrent attachée à la *glèbe* à perpétuité, comme on attache un criminel, un forçat à la rame à laquelle les loix l'ont condamné.

Les bâtards de cette race impie, ces avortons entés sur des assassins, trouvaient bien plus digne de l'homme de ramper aux pieds d'un despote, que d'obéir à la loi. S'ils étaient les maîtres, ils perpétueraient la vénalité de la justice, rouvriraient ces infâmes bureaux où l'on en trafiquait à l'encan, rappelleraient cet opprobre commandé par François Ier., et achevé avec plus de scandale par Henri IV, Ces indignes Français, ces brigands, soi-disant décorés, ces scélérats en soutane, tous ces conspirateurs, pour recouvrer ce qu'ils appelaient leurs titres, pour conserver des richesses volées à la nation, voudraient voir les furies secouer sur tout l'empire les torches de la discorde civile, du fanatisme et de la guerre étrangère. S'ils osaient renouveler cette nuit horrible, les ténèbres de sang, de Charles IX, où tous les spectres impitoyables des enfers planaient sur les galeries du Louvre; nuit où tous les scélérats furent vaincus par ce monstre dont l'ame fut pétrie de tout ce qu'avait d'affreux celle de Clovis, de Clotaire I., de Louis XI, et de tous les scélérats Germains, Saxons, qui ont souillé le trône des Gaulois; Français, concitoyens, vous verriez bientôt le carnage, l'effroi, la mort, couvrir nos champs désolés.

S'ils ne sont pas écrasés, s'ils conjurent ouvertement contre la patrie, si le despotisme relevé menace d'engloutir les plus heu-

reuses

reuses institutions. Ce sont les reproches terribles dont il faut accabler ces faux représentans du peuple. Ils ont préparé peut-être bien des maux à la France ; car il ne peut rester debout au milieu de la nation qui veut être libre ; il faut qu'il périsse, ou la liberté ; et il périra. Il n'y a point à composer avec le principe. La tyrannie était abattue, le coup était porté ; ils l'ont rélevée. Le peuple s'était resaisi de ses droits ; on les lui arrache, il les reprendra, et le temps n'est pas loin ; mais peut-être, je le dis à regret, des torrens de sang annonceront sa puissance indignée, cimenteront sa liberté. On le dépouille, on l'irrite, on l'avilit, on veut l'enchainer ; il sent ses forces, il brisera une seconde fois ses fers ; et malheur aux scélérats qui combinent son esclavage, qui ont trafiqué de sa liberté.

Si le *veto*, si la loi martiale, sont des coups effrayans portés à ses droits, c'est ici une des ruses scélérates pour exclure les talens et les vertus, compagnons de l'infortune. Faire accueillir la richesse fastueuse et corrompue, perpétuer l'aristocratie dans l'assemblée, cet esprit ennemi qui la désole, forcent ces décrets scandaleux, qui ruinent la liberté, et relèvent lès tyrans. Français,

brisez par votre volonté suprême ce décret
violateur de la loi, violateur de vos droits
les plus sacrés ; et gardez-vous d'obéir, n'o-
béissez qu'à la volonté générale ; montrez
à ces lâches conjurés que vous êtes souverains ; si vous obéissez une fois, vous
êtes perdus ; peut-être, pour jamais. Les ennemis nommés par ce décret funeste le
perpétueront, et la plaie deviendra plus profonde et incurable ; s'ils ont eu l'audace
d'écraser, de vous voler la liberté, ayez le
courage de la reprendre, de vous en re-
saisir, de les écraser à leur tour ; tout est
permis contre les tyrans. Couvrez d'une
haine générale et vertueuse ces êtres individuels et corrompus, qui veulent vous ravir des droits éternels ; il n'y a point à composer avec de lâches déprédateurs ; les barbares, n'osant vous arracher la vie, vous as-
sassinent moralement, vous et les races futures.

Leur élection est nulle, et ne peut être
ratifiée ; électeurs, élus, tous sont anéantis.
Ce sont tous prélats, des ci-devant ducs,
comtes, marquis, barons ; leur élection est
frappée de la réprobation des peuples ; ils ne
sont que les représentans de corps qui ont
cessé d'exister, qui ont disparu pour ja-

mais devant la majesté de la nation. Ils n'étaient que les représentans individuels de quelques oppresseurs répandus dans l'empire, de quelques tyrans isolés, ou plutôt de quelques esclaves fiers de ramper devant un maître, qui leur accordait l'honneur de s'avilir. Ce sont ces hommes qui osent siéger dans l'enceinte de la liberté, qui osent y braver le génie national, encore tout flétris du joug de l'esclavage; ce sont des forçats qui combattent avec les fers dont ils sont enchaînés. Je soutiens que tout décret porté par leur influence, que tout décret dont on prouve le défaut de morale, doit être abrogé. Eh! quel est celui qui éteint davantage l'enthousiasme des talens et des vertus, qui frappe plus de découragement, de nullité, de mort les mœurs sociales, tous les dons, tous les présens sacrés de la nature, puisque le prix le plus flatteur en est ôté? Mais je me trompe, il est des hommes qui serviraient leur patrie, n'en dussent-ils recueillir que de l'ingratitude. Le philosophe vit moins pour son siècle que pour les générations; son sort n'est point d'exister dans un point de l'espace et de la durée. Il tâche de multiplier ses forces morales, sa vie, par ses travaux; il sait qu'il en abrége le cours pour le bonheur du genre humain ; il espère que les hommes seront plus heureux ; cette idée le console ; il essuie ses larmes .... continue de les servir, et meurt content.

Comment s'est-il trouvé un être assez stupide, assez dénué de pudeur, pour proposer d'autre droit pour être admis à l'assemblée nationale, que des qualités morales ? Barbare ignorant, insensé législateur, ou plutôt lâche conjuré, il te faut donc *un marc d'argent*, des qualités physiques pour décider ce qui n'est soumis qu'au jugement, à la raison ! Il te faut donc un *marc d'argent* pour décider si une loi doit être portée ou non ! Il te faut donc un *marc-d'argent*, il te faut donc de la matière pour résoudre une question immatérielle, une question qui n'est soumise qu'à l'intelligence ! Il te faut donc un *marc-d'argent*, pour avoir un esprit juste, un cœur exempt de corruption ; il te faut donc un *marc-d'argent* pour prouver que tu n'es pas aliéné, que tu n'es pas fou à lier ! .... Un *marc-d'argent* prouvera donc .... prouvera donc... prouvera donc.... pauvres Gaulois, pauvres habitans du pays des *Keltes*, entre quelles mains êtes vous tombés ! Mais votre volonté, amis, frères, concitoyens, est souveraine, et brise de toutes les forces de la raison, de la justice, de la morale, ce décret qui vous frappe dans vos droits moraux et éternels.

Apprends, législateur, lâche assassin des mœurs, des talens, des vertus, apprends que s'il existait un sage retiré aux extrémités du globe, fuyant les vices que tu propages, se nourrissant de racines, n'ayant rien en propre, étranger à la France, mais citoyen du monde; apprends, dis-je, malgré tes funestes principes, que dans la disette où nous sommes de talens, de vertus civiques, il faudrait députer vers lui, le conjurer au nom de l'humanité, au nom de 25 millions d'hommes, de venir leur donner des loix.

C'est un principe incontestable de droit public, que plus les questions sont graves et importantes, et plus les décisions doivent approcher de l'unanimité; et cinq ou six voix de conjurés ont suffi pour forcer ce décret odieux contre lequel réclame la majorité bien décidée de la nation. Citoyens, si de perfides mandataires ont osé s'arroger le droit de vous enchaîner, il serait stupide de n'oser briser vos fers; votre volonté suprême était d'être libres; ce vœu ne fût-il pas manifesté, est d'une vérité éternelle ; et vous vous laisseriez garotter ! Et les représentés se laisseraient avilir, dégrader du rang de citoyens, dn rang auguste d'hommes par des conspirateurs qui osent se dire représentans d'un peuple libre, et voudraient l'enchaîner ! Non, non, Français, ce sont de plats tyrans, ou plutôt d'indignes esclaves qui consentent porter des chaînes d'or, pour vous écraser sous un joug de fer ; non, non, chers concitoyens, je suis loin de vous prêcher la révolte contre tout décret, que la morale, que l'équité, le salut de l'empire, avoue, aura dicté ; je ne veux que vous élever au-dessus d'une obéissance stupide, à laquelle on veut vous enchaîner, qui ferait le malheur de la race présente, et de la postérité ; je ne veux que vous faire fouler aux pieds des préjugés qu'on cherche à propager ; je ne veux que vous arracher à une erreur fatale, indigne de tout être qui pense, indigne aujourd'hui des Français.

Le décret des citoyens actifs et passifs est un lâche corollaire des funestes principes, qui ont toujours guidé le fantôme de législateur. Ce décret outrageant pour l'homme égal à lui, n'est porté que contre le pauvre ; on veut accroître son malheur ; on le punit comme un criminel, en lui refusant jusqu'à la moindre influence sur les corps administratifs. Insensés législateurs, quel est donc à vos yeux le prix de ce métal corrupteur ? Vous n'avez négligé aucune occasion de l'asseoir sur le mépris des talens, des vertus ; vous n'avez négligé aucune occasion d'en éteindre l'enthousiasme, de les faire disparaître de l'empire.

Français, on a cherché par tous les moyens à vous courber sous le joug, sous une obéissance insensée, sous une obéissance de *serfs attachés à la glèbe*. Si vous obéissiez, vous ne seriez plus des citoyens intrépides ; vous ne seriez que des esclaves malheureux, dignes de l'être, plus stupides, plus abjects que les *Ilotes* : ils étaient vaincus, asservis, désarmés ; et vous, le fer, la foudre est en vos mains.

Pour moi, je déteste et ne crains pas les tyrans ; mes armes sont la raison, l'équité, la morale, l'amour éperdu de la patrie, avec elles aujourd'hui je puis les braver, investi de leur puissance, environné de l'opinion publique, qui fait toute la force des hommes, et qu'ils ont perdue pour jamais, malgré tous leurs efforts, malgré les poisons, malgré tous les crimes des scélérats, malgré les poignards des assassins qui sont à leurs gages. Malheur désormais, à quiconque, au milieu des lumières, au milieu d'une nation qui veut la liberté, qui sait qu'elle lui est due; malheur, dis-je, à qui veut la retenir dans les chaînes, ou lui en préparer ! malheur à ces êtres nuls, sans vertus, sans talens que la perfidie, qui croyent échapper aux regards des peuples ! La liberté d'écrire, la liberté de la presse nous a fait combler en deux ans des abîmes creusés, peut être, par cent siècles d'ignorance, de crimes et de malheurs. Je les somme, ou plutôt je les défie de me répondre.

Grandes ombres de *Solon*, de *Licurgue*, de *Zaleucus*, de *Numa*; et toi, qui, malgré tes erreurs les a vaincus, viens, *Rousseau*, viens, grand homme, viens faire rougir les conjurés de l'assemblée nationale ! Simulacres de législateurs, vous tous ennemis de l'état, tremblez, écoutez, respectez la voix terrible des morts ! Ecoutez-le, il vous crie : appaisez mon ombre affligée, désolée, indignée. J'avais vu ma patrie adoptive sous le joug des tyrans; je prévis dès-lors qu'au milieu des lumières il se ferait nécessairement une révolution, et j'écrivis mon *contrat social*; mais je n'avais pu prévoir que des esclaves se coaliseraient avec les tyrans pour leur réasservir cette nation que j'aimai, et qui m'est toujours chère. Le bruit, l'affreux scandale en a pénétré chez les morts, en est venu jusqu'à moi; je n'ai pu l'entendre sans frissonner, sans répandre des larmes; j'ai appris que j'ai obtenu l'honneur, l'exécrable honneur de la voir immoler. Je veux sortir de cette enceinte, où j'endure à votre aspect les tourmens des enfers. Ne m'outragez plus après mon trépas; je ne peux rester parmi vous, ou corrigez, anéantissez tout ce que condamne la morale, la vérité, la raison, la nature à laquelle je suis maintenant uni, que j'adorai tant que je fus sur la terre; ne me forcez pas d'être témoin de vos forfaits. Je fus méconnu, persécuté tant que je vécus, voulez-vous troubler encore, désoler mes manes paisibles? Que l'humanité vous parle, et respectez du moins les morts.

Voilà ce que vous crie ce grand homme.

Législateurs! vous ne pouvez faire un pas sans rencontrer la preuve de vos crimes passés ou présens! Vous ne pouvez lever les yeux sans rencontrer ses regards, sans rencontrer ses traits qui vous accablent; vous admettez après sa mort, parmi vous celui que votre ignorance, que votre barbarie en eût chassé pendant sa vie! La pauvreté, le génie, la vertu furent son partage ; eh ! ce sont ces titres que vous avez réprouvés !

Exclure le génie, la vertu, parce qu'ils sont pauvres, est le dernier dégré d'abrutissement et de malheur, est le dernier excès d'opprobre et de dépravation.

CHAPITRE IX.

De la réduction des membres de l'assemblée nationale.

QUEL est le grand publiciste de l'assemblée qui proposa le premier de réduire le nombre des membres de la diète nationale ? Quel est l'avare représentant du peuple qui vota le premier pour diminuer le nombre de ses défenseurs ? Tu crois donc, grand député d'un petit canton, que 25 millions d'hommes sont trop représentés par douze cents individus! Je cherche quelle peut avoir été la raison qui t'a déterminé, et je n'en puis trouver. Est-ce l'étendue du terrain qui t'a paru mériter une moindre représentation ? Mais ce n'est pas le terrain qu'on représente et qu'on défend ; mais enfin, si je considère l'étendue de la France, depuis Strasbourg jusqu'à Marseille, depuis Brest jusqu'aux Alpes, je vois, sans compter nos îles de l'Amérique et de la mer des Indes, un espace vaste par son étendue et immense par sa population, ce ne peut-être la vraie cause qui t'a fait demander cette réduction. J'entends parler d'économie,

Ah! pour le coup cela est trop fort. Quoi! la dépense pour le corps législatif ne va pas à neuf millions, et l'on ose se plaindre de l'excès de la dépense, quand le pouvoir exécutif, quand un seul homme, qui n'a que cinq sens comme nous, dévore plus de quarante millions!

Si on avait consulté la partie éclairée de la nation, pour savoir si l'on devait augmenter ou diminuer d'un tiers, les membres de l'assemblée nationale, on peut être assuré que son vœu eût été pour l'augmentation. Ignore-t-on que 400 représentans du peuple forment une majorité qu'on doit naturellement présumer pour la patrie ; qu'il faudrait corrompre cette majorité pour obtenir des décrets scandaleux; que par là la difficulté augmente; que les millions diminuent, et qu'en diminuant l'assemblée de quatre ou cinq cents membres, que la difficulté pour la corruption diminue, et que les millions augmentent de ce qui est épargné ; qu'on peut doubler, tripler par conséquent les moyens de séduction ; mais heureusement que toutes ces craintes sont vaines. Elles disparaissent devant la souveraineté de la nation ; à qui vos projets de loix ne peuvent jamais être que proposés, et non donnés comme irréfragables, ou la nation n'est pas souveraine. Voici ma profession de foi à cet égard, et le mode que je propose.

Que les départemens envoient autant de membres à l'assemblée future, qu'il y en a dans la présente ; qu'ils augmentent le nombre en raison de celui qui leur sera accordé eu égard à la masse totale, sans s'embarrasser de la réduction.

Les membres de cette législature viendront sans mandats, parce que la ratification des peuples est nécessaire pour les loix qui y seront proposées et discutées ; mais ils apporteront des mandats précis réformateurs pour toutes celles de la législature précédente, que la nation voudra changer.

Si l'on propose un autre mode de ne point blesser la souveraineté de la nation, et qui puisse remplir les vues de la volonté générale, il le faut adopter. Mais je crois que celui-ci présente beaucoup d'avantage, et aucun des inconvéniens d'une adoption précipitée, irréfléchie, et d'esclaves avilis, cent fois plus courbés sous le joug qu'avant la destruction du régime despotique, sous lequel les droits de l'homme étaient écrasés.

Dès que la majorité des départemens aura

manifesté son veu pour la réformation d'une loi, elle doit être écoutée; et cela, soit qu'elle le manifeste dans une seconde, dans une troisieme législature, parce qu'elle est toujours souveraine, et que c'est la majorité qui fait la loi; qu'elle peut toujours agir pour améliorer son sort. Elle peut se tromper, le reconnaître, se tromper encore, et changer ses décisions. Si la majorité de la nation n'est pas infaillible, de quel droit douze cents individus prétendent-ils à cette ridicule prérogative, digne des siècles les plus barbares? Il n'y avait eu encore qu'un gouvernement théocratique, qui en eût eu l'audace. Il n'y avoit eu que l'héritier scandaleux d'un juste, qui mourut dans la pauvreté et par le dernier supplice, qui eût prétendu régner sur le jugement avili des peuples à la chaîne. Il n'y avait eu encore que les imposteurs qui faisaient parler les dieux, dont le charlatanisme, dont l'impudence eût osé commander une obéissance aveugle, ou les farouches brigands qui régnaient sur les peuples ruinés, saccagés.

CHAPITRE X.

Du droit de déclarer la guerre et de faire la paix.

Que la société est dépravée ! Quel sera le sage, le génie ou le dieu qui lui rendra sa pureté antique et effacée ! Comment décomposer tous ses ressorts soudés par des tyrans ! Comment remontrer du dernier degré de corruption, auquel elle est parvenue, au premier echelon par lequel le genre humain est descendu de l'adversité dans le crime, et du crime dans l'excés du malheur ! Comment suivre ces ramifications déplorables ! comment suivre les causes immorales, qui ont produit, retardé l'agrandissement des empires, hâté leur dépérissement, leur décadence, et leur ruine ! Comment déterminer l'influence fatale de soixante tyrans sur la société ; comment ils ont pu dépraver la nature, le génie primitif des nations ! Comment déterminer le temps qu'un sage peut quelquefois arréter sa chute ou la tirer des bras de la mort !

Faudrait-il que la race humaine, aprés des

convulsions morales et physiques, devint sauvage, agreste et barbare, pour être capable de recevoir les loix de la nature? Aurait-elle atteint un degré de dépravation, qu'on appelle civilisation, qui l'en eloigne de façon à n'en pouvoir jamais être raprochée? Cette tâche enorme, et peut-être impossible à remplir, accable le philosophe, et il finit par répandre des larmes; mais bientôt ranimant ses forces, il se garde bien de croire à ce paradoxe désolant, et tente de jeter quelques masses de lumière à travers les ténèbres et les malheurs qui pressent la société depuis des millions d'années, peut-être, hélas! depuis qu'elle est formée; depuis que l'homme nu, désarmé, en butte aux autres animaux, combattant contre eux avec le caillou, un baton noueux, quelquefois leur échappant, mais déchiré, ensanglanté, devenant souvent leur proie, conçut l'idée de s'arracher de l'antre qui le recélait, où leur instinct affamé le cherchait et le trouvait encore, résolut après bien des siècles, des révolutions écoulées et de sang répandu, de quitter le creux des chênes antiques, des rochers où il n'était pas à couvert de leur férocité, de construire une hutte, autour de laquelle il creusa une enceinte, des bas-

cules

cules où tomberent les animaux dévorans.

Depuis ces jours où le soleil, où ce dieu de la nature n'éclairait que des marais, des lacs fangeux, des forêts éternelles, des sites pittoresques à la vérité ; mais incultes et sauvages, depuis ces jours qui remontent à l'enfance du monde, l'homme a connu la société, des loix et des tyrans.

Quelques hommes conçurent qu'étant unis, ils étaient plus forts, qu'ils pouvaient perpétuer, augmenter en qualité et en quantité les fruits sauvages dont ils avaient apporté les semences du milieu des forêts : ils enclorent un champ ; ils le cultivèrent ; le succès couronna leurs efforts et leurs espérances. Des fainéants, des bandits, des scélérats franchirent la haie qu'ils avaient plantée, volèrent les fruits qu'ils n'avaient point semés ; et l'homme laborieux qui s'opposa à leur brigandage, paya souvent de sa vie la défense légitime desa propriété ; c'est cetacte infernal qu'on appelle le droit de la guerre ! On ne doit appeler droit que la défense ; l'attaque est l'acte d'un brigand, d'un voleur, d'un assassin.

Ce fut le droit abominable de cet indigne meurtrier des pauvres Gaulois, à qui l'on décerna, l'on prostitua, ou plutôt à qui l'on prostitue le nom de roi, de ce *Clodvic*, de ce barbare qui vola, saccagea, incendia avec vingt mille scélérats semblables à lui, le pays de ces malheureux Gaulois : Eh ! vous trouvez encore, à la honte de la raison, de la morale, de la nature, cent mille brutes qui vous parlent de cet acte féroce par lequel tous les droits sont rompus, qui vous parlent du droit de la guerre, du droit de conquête, comme de celui qu'a un homme laborieux sur les fruits qu'il a fait naître à force de travaux, en arrosant un sol ingrat de ses sueurs, et souvent de ses larmes. Eh! tigre ne vois-tu pas que ton farouche guerrier, que ton superbe conquérant n'est qu'un scélérat digne du dernier supplice ! N'entends-tu pas dans ces campagnes, dans ces hameaux, dans ces villes ravagées, les cris affreux du désespoir et de la mort ! Ne vois-tu pas ces toits que la flamme dévore, ces portes antiques qui s'écroulent avec fracas ! ne vois-tu pas dans leurs débris ces malheureux expirans ; ne vois-tu pas ces membres déchirés, ces femmes pâles et sanglantes, ces vieillards, ces enfans égorgés ! ... Si tu peux les voir sans pleurer, sans détester à jamais le monstre qui cause tant de malheurs tu n'es pas digne d'être homme.

Les places publiques et l'échafaud sont pour les petits brigands, le trône attend les assassins des nations.

Mais ce n'est pas du mot dont il s'agit. Il faut examiner si les législateurs ont pu donner une influence terrible sur cet acte barbare au pouvoir exécutif, sans porter un coup mortel à la liberté. C'est le but de cet ouvrage. Il me suffit de prouver les atteintes majeures que les conjurés ont données aux droits sacrés et généraux des citoyens : je néglige mille décrets ruineux, également oppressifs et nuls ; ce ne sont que des corollaires de leurs grands attentats contre la souveraineté du peuple. Il faudrait un *in-folio*, si on voulait les analyser. Eh ! Dieu me garde d'en jamais faire ! Mais un principe qui doit guider les législateurs futurs, c'est que toutes les fois qu'ils verront un décret qui ne reconnaîtra pas nettement les droits inaliénables de la nation, qui compromettra l'égalité, la sureté d'un individu quelconque, qui détruira la liberté, qui enlevera aux talens, à la vertu, l'admission aux emplois, les égards qu'ils ont droit d'attendre d'un peuple libre, ils doivent le frapper sans réserve, ou ils aideront, perpétueront la décadence, la ruine des mœurs, retarderont l'anéantissement plus ou moins précipité des ressorts tyranniques, des bases oppressives sur lesquelles sera posé un édifice monstrueux, un assemblage de parties qui paraissent dans le calme et sont dans un état de guerre réel, sourd et éternel.

J'indiquerai en abrégé, dans la conclusion, ce qu'il faudrait que le législateur fît, pour que son ouvrage atteignît les longues périodes de la nature. Si on ne le fait ce recueil de décrets, la constitution et l'empire périront ensemble : ce code, qui devrait être immortel s'il était appuyé sur la morale, décrépit dès sa naissance, atteindra bientôt la caducité et la mort des ouvrages physiques de l'homme, d'un ouvrier à qui les règles de son art sont inconnues.

Je m'assieds au milieu des Français, au milieu des institutions gothiques et barbares qui les ont gouvernés, sans nul préjugé, sans nulle acception que la raison, que la morale. C'est là qu'un homme libre, qu'un ami de la sagesse doit être placé. C'est de là que, s'élevant un instant par la pensée au-dessus de ses semblables, il contemple en versant des larmes les erreurs, les crimes et les malheurs répandus sur la terre. C'est ainsi qu'en s'isolant, qu'en s'arrachant de ce tas monstrueux d'usages tyranniques, de conventions ridicules ou cruelles, d'établissemens ruineux, sacriléges et réputés sacrés; c'est ainsi qu'en se dégageant de tout ce fatras monarchique, de ce fantôme d'autorité légitime, qui n'a dû son origine qu'à la déception, qu'à la faiblesse abattue, qu'au vol impie des droits sacrés du peuple, qu'à la barbarie, qu'à des forfaits accumulés, on parvient à voir la vérité sans nuage. Avant dix ans, tous les Français rougiront de leur inepte folie, ne pourront concevoir leur amour insensé pour la royauté; ils verront que c'est elle seule qui est la cause de la mort politique du gouvernement. Je vois en ce moment autour de moi leur foule immense; j'entends les cris de la multitude qui dénonce la violation de son territoire par un brigand armé, par un tyran, par un roi. Je demande à tout être qui pense, en qui la servitude n'a pas brisé les facultés de l'ame; je demande à qui l'on doit s'adresser pour repousser l'attaque injuste du scélérat couronné. Est-il quelque homme, quelque Français assez stupide, pour prétendre que je dois m'adresser à un d'entre eux, à un individu, à un seul homme, tandis que j'en vois autour de moi une multitude qui ont le même intérêt, le méme vœu, et dont j'entends les cris ? Tous me répondront que c'est à eux tous collectivement qu'il appartient de juger une affaire qui les intéresse, qui les regarde tous ; qu'il ne peut exister de privilége qui donne à un individu le droit de décider du sort de vingt-cinq millions d'hommes. Eh bien ! voilà la question décidée en faveur de la nation, et les conjurés ont réussi à la faire décider contre elle.

Qu'on ne dise pas, pour excuser ce décret, que la supposition du peuple rassemblé est impossible ; je conviens qu'on ne rassemble pas vingt-cinq millions d'hommes ; mais leurs représentans, envoyés par eux du fond des provinces, de toutes les parties de l'empire, mais les volontés de douze cents ou quinze cents hommes valent mieux, sans doute, qu'une volonté isolée et individuelle ; que la volonté de cet être fantastiquement revêtu de toutes les qualités morales qu'on peut à peine rassembler des deux bouts de l'empire ; que la volonté d'un homme purement passif dans les délibérations, dans les décisions du souverain, dont il n'est que l'agent, et constitutionellement passif méme dans l'exécution qui lui est confiée, par l'absurde inviobilité.

Il a renoncé et dû renoncer à délibérer sur les intérêts dont l'exécution lui est confiée, parce qu'alors réunissant deux pouvoirs, la puissance de faire la loi et le pouvoir de la faire exécuter, sa prépondérance serait intolérable. Ce ne peut être que par une confusion sacrilége, attentatoire aux droits des peuples, qu'on a mu, agité la question de savoir si celui qui n'est que le mandataire doit influer sur la rédaction des projets dont il n'est que l'exécuteur.

Quoi! cet acte de barbare qui brise le contrat des peuples sera à la disposition d'un homme, d'un individu, d'un roi, d'un tyran; ce droit farouche qui rompt les relations de cinquante, de cent millions d'hommes, qui compromet leur sureté, leurs propriétés, qui peut les livrer à la flamme, au fer, à la famine, à la désolation, sera le fruit d'une réflexion individuelle, d'une réflexion contaminée, d'une tête en délire, remplie de préjugés les plus honteux, de tout ce que l'abnégation de tout jugement, nécessitée par une éducation viciée, peut enfanter de plus barbare! Eh! ce sont nos Licurgues, ou plutôt de lâches conjurés, ayant Mirabeau à leur tête, qui osent proposer de donner ce droit au seul mandataire de la nation! Eh!

pauvres législateurs ignorans ou corrompus, de quel front avez-vous osé le proposer à un peuple éclairé? Vous avez vu l'improbation universelle, et votre criminelle audace a malgré elle porté ce décret qui méprise les droits généraux de la nation! Soyez assurés que la volonté générale le brisera.

Qu'on se ressouvienne que j'ai démontré, excepté aux satrappes, aux esclaves, à cette tourbe de valets qui s'agitent dans les réduits du pouvoir exécutif, que tout *veto* suspensif ou absolu, que toute sanction n'appartient qu'à la masse totale des volontés.

Voilà encore ce député provençal, exposé aux regards indignés des Français éclairés! le voilà encore placé entre l'or du pouvoir exécutif, des décrets contradictoires, la raison et la patrie! Le choix pour unMirabeau ne peut être douteux. Le voilà encore qui s'agite entre ces distinctions sophistiques, spoliatrices et ridicules de *veto*, d'initiative, de sanction, de pouvoir et de corps législatif. Il traîne avec effort d'horribles chaînes, il les soulève, et retombe à chaque pas sous leur poids qui l'accable. Que je jouis en le voyant aux jacobins *sur la sellette*, le jour de cette fameuse séance où il fut dévoilé, terrassé, foudroyé par *Charles de Lameth*! Que je vois avec plaisir les grosses gouttes de sueur froide rouler sur son horrible front, sur son visage pâle, défait, empreint, frappé de rage, de désespoir ! Jamais criminel à la torture n'a paru souffrir de pareils tourmens. Le voilà encore qui propose un décret qui dépouillait totalement la nation, et donnait à son mandataire le droit de déclarer la guerre à sa volonté, que le *Turc* n'a pas. Il ne peut l'entreprendre, ni faire la paix, sans un décret du *divan* ; ainsi le sang de la patrie pouvait encore couler sur l'ordre farouche d'un yran ! Après des amendemens qui passèrent après une résistance opiniâtre, l'article premier, dit : « L'assemblée nationale décrète, » comme articles constitutionnels, que le » *droit de la paix et de la guerre* appartient » à la nation ; que la guerre ne pourra être » décidée que par un décret de l'assemblée » nationale, qui sera rendu *sur la proposition formelle et nécessaire du roi, et* » *sanctionné par lui* ».

De façon que le pouvoir exécutif sanctionnera *sa proposition formelle et nécessaire*. Quel galimatias ! Comme on voit le législateur marcher avec les fers qui l'écrasent ! Quelle pitié, quelle indignité, quelle usurpation des droits sacrés des peuples ! Quelle audace de la part des tyrans ! Eh ! pauvres habitans *de Lucotèce*, pauvres Parisiens, tristes compatriotes, vous faites éclater des transports d'une joie insensée, parce que ce décret, que n'ont pu empêcher vos vrais défenseurs, vous dépouille; je n'ai presque pas la force de vous défendre, lorsque je vous vois danser avec vos fers.

Je ne parlerai point de l'initiative qui est atribuée au pouvoir exécutif, et dont on tant a parlé. Je lui dénie tout autre pouvoir que d'exécuter ce que décide la nation, ou ses réprésentans, dans la guerre comme dans la paix.

Le décret du corps législatf, relatif à la guerre, aurait toujours son exécution avant que la nation eût pu manifester son vœu, parce qu'il peut exister des cas qui demandent une extrême célérité; cet acte de barbare rompant tous les droits, il n'est pas étonnant qu'il dérange la marche, la règle ordinaire, qui veut, qui ordonne que nul décret ne puisse avoir force de loi, que sanctioné par la nation, ou tout au plus obtenir une exécution provisoire, comme la reconstruction du corps politique que la nécessité commandait. Il y a mille défauts dans ce nouvel édifice, dont la nation demandera et doit demander l'anéantissement; et c'est encore un de ces cas, où ces loix provisoires, quoiqu'en partie frappant sur l'existence totale du corps politique, doivent être exécutées, ou l'anarchie serait complète; mais le cas d'une reconstruction totale n'arrivera plus, et cette exception provisoire n'empêche pas l'application de nos principes.

Il faut, je le répète, n'être appuyé que sur la vérité, la raison, la morale, et fort de leur appui, passer à travers cet amas dépravé de prérogatives royales, si l'on veut porter un jugement dégagé de préjugés qui déshonorent, qui avilissent la majesté de l'homme; autrement, on est toujours en contradiction. Tout le décret annonce l'influence, l'audace des tyrans, la faiblesse des moyens, et les efforts vaincus des défenseurs des droits souverains du peuple. Que faire dans une assemblée où l'ignorance, la corruption, la tyrannie nombreuse et coalisée, combattent le civisme, l'austérité des principes, les lumières et la vertu, dont le cortége faible et rare oppose en vain une résistance courageuse? Attendre avec constance que les vrais représentans du peuple soient assemblés dans une nouvelle législature, et qu'ils frappent de nullité ces décrets prétendus constitutionnels, assis sur la ruine de ses droits et de toute constitution.

CHAPITRE XI.

De la liste civile.

Législateurs si prodigues du bien, des sueurs, des larmes des malheureux, législateurs, qu'avez-vous fait! Vous avez donné, d'un trait de plume, la subsistance, la vie de plus de cent mille infortunés ; vous avez pris sur le peuple vingt-cinq-millions, pour les donner à son mandataire ; en outre le revenu des châteaux, parcs, domaines, forêts, qui portent la liste civile à plus de quarante millions. Quarante millions, grand Dieu! à un seul être, à un seul homme! Qu'a-t-il donc par dessus le reste des humains? A-t-il cent mille facultés dont nous soyons privés? A-t-il cent mille besoins plus que nous? Rend-il à la société cent mille fois plus que chaque individu qui la compose? S'il pouvait du moins nous rendre en facultés morales l'équivalent de ce que nous lui donnons, je ne m'en plaindrais pas ; mais non, il est démontré, excepté aux esclaves, que tous les rois sont dans la classe onéreuse, stérile, oppressive ; il est démontré que cet abandon illégitime est dressé, est contre la liberté, la sureté, les intérêts du peuple; détruit, anéantit l'équilibre des forces sociales, où doit tendre tout gouvernement, toute agrégation, si l'on veut que le contrat tacite qui unit les peuples libres subsiste; il est dressé contre le pauvre nourri d'herbes, qui pleure dans sa cabane au milieu de ses enfans, à qui ce décret funeste arrache un reste d'alimens, tandis que son mandataire, tandis que le moindre de ses valets dépense dans un jour de quoi le faire vivre dans l'allégresse pendant des années! Ah! malheureux humains, malheureux *Keltes*! Quoi! législateurs, vous donnez quarante millions à dilapider à un individu! Si encore ils étaient employés en luxe, en dépense physique, ce serait un moyen malheureux par lequel ils rentreraient dans la société; mais on sait que la maison du roi ne coûte pas actuellement sept ou huit millions: c'en est donc plus de trente qui servent à soudoyer de vils esclaves, des oppresseurs de la liberté, qui contaminent tous les canaux par lesquels on les fait couler, ou ils sont entassés pour servir dans l'occasion.

Une somme si enorme au descendant d'un Saxon, d'un esclave de Charlemagne, trainé à sa suite à travers les marais, les glaces, les forêts de la Germanie! A ce Saxon assis par la fortune et les crimes sur le trône des bons Gaulois; à ce descendant auguste d'un usurpateur, d'un empoisonneur des deux derniers rejetons de la postérité de son maître; à cet héritier de *Hugues Vidikinq*, ou *Vuidichiud*, nom barbare comme l'antre du nord dont il etait sorti; et non pas *Capet* qui n'est qu'un sobriquet, qu'on lui donna à cause de sa tête enorme; ce descendant, dis-je, d'un esclave, a fait une assez belle fortune, depuis sept cent cinquante ans.

Quel démon ennemi et prodigue s'était emparé de l'assemblée nationale, au moment où arriva la fameuse lettre du pouvoir exécutif, qui fixe la dépense de sa maison? On doutera du transport insensé qui la saisit à sa lecture.

Qu'on fasse attention que c'est depuis ce temps, sur-tout, qu'il existe entre lui et les membres corrompus de l'assemblée une collusion impie, oppressive, destructive de la liberté. Quoi! le sénat de la France vote des remercimens au pouvoir exécutif, pour avoir tracé cette lettre fatale, cette lettre qui demande le peuple à dévorer! Eh! dans quel temps encore ! Quand l'état est à deux doigts de sa perte par les dilapidations de sa cour. Cette assemblée veut aller tomber à ses pieds ! C'est un enthousiasme, un délire, un vacarme outrageant pour le pauvre ; c'est un dégré d'avilissement qui fait rougir et fait pitié. Sont-ce les représentans du souverain qui votent cet excès de dégradation nationale ? Non, non, ce sont les conjurés dont les clameurs couvrent la voix des sages, rares et isolés, que l'assemblée a dans son séin.

Vils bâtards des *cicambres*, vil troupeau des *druides* modernes, va donc tomber aux pieds de ton idole, va donc encenser ton *teutatès*, ton prétendu dieu qui doit dévorer nos enfans.

Vous ignorez donc, fantômes de législateurs, qu'avec des millions on achète des esclaves ; ou plutôt, vous ne l'ignorez pas, vous le savez assez, vous ne l'avez que trop appris.

J'entends les lâches prôneurs de la constitution anglaise ou du code monstrueux qu'ils osent appeler de ce nom profané ; je les entends répéter que le roi breton a environ vingt-deux à vingt-trois millions pour la liste civile ; vingt-deux à vingt-trois millions ne sont pas quarante à quarante-cinq; il a à payer sur elle des dépenses énormes, dont n'est point chargé notre pouvoir exécutif : mais aussi ne manque-t-il pas de se servir de cette somme, trop forte de quinze à seize millions pour acheter l'ombre de liberté qui reste aux Anglais, depuis qu'un tyran, aidé par des esclaves avilis, a fait, par son influence funeste, à ce peuple généreux, proroger à sept ans la durée du parlement, dont chaque cession n'était autrefois que de trois ans. Comment! peuple anglais, peuple fier et profond, peuple qui n'as jamais été frivole, digne d'avoir une constitution telle qu'*Alfred* l'avait conçue, si des tyrans t'ont forgé des chaînes, que chaque jour appesantit, ne peux-tu les briser? Braves Anglais, ignorez-vous que c'est de votre île que nous sont venus les premiers faisceaux de lumière? Ne sentez-vous plus la majesté, la puissance du peuple anglais? Allez-vous reprendre des fers que nous avons rompus, et dont les débris, les anneaux nous environnent encore, mais que nous disperserons; et malheur aux tyrans qui voudront nous réasservir! Ignorez-vous que plus vous tarderez, plns vos maux deviendront dangereux? Ignorez-vous que le temps est un tyran qui attaque toujours la liberté;

liberté ; qu'il trempe et soude en silence les nœuds d'airain dont les tyrans écrasent les nations ? Que la voix impérieuse du peuple se fasse entendre ; cassez cette chambre des pairs, anéantissez ces dinstinctions ridicules qui foulent aux pieds les droits sacrés de l'homme, cette distinction insultante de chambre haute et de chambre basse ; réunissez-les en une diète nationale, où l'on ne connaisse d'autre privilège que les talens et la vertu ; réformez, brisez, en un mot, votre absurde constitution ; elle vous mène droit au despotisme. Il n'est donc pas question de citer le code anglais, de citer un fait pour en appuyer un autre, contre lequel s'élève l'intérêt de l'état, un fait quand la raison éternelle le renverse ; il n'est donc point question ici de citer un monstre ruineux, un monstre qui a asservi les Anglais, fiers du nom de liberté ; mais qui ne sont libres que dans les momens des élections des membres de leur parlement corrompu ; ou plutôt pendant ce temps ce n'est qu'une anarchie vénale : tous les riches, les ambitieux achètent à l'encan leur nomination. Ils achètent le droit de vendre la nation à leur pouvoir exécutif. Il ne manque pas de tout corrompre à l'aide de sa liste civile ; eh !

vous croyez qu'avec une somme double notre premier fonctionnaire manquera d'acheter les membres gangrenés de l'assemblée nationale, de contaminer toutes les institutions publiques ; que son génie fatal ne planera pas sur toutes les opérations dans lesquelles pourront pénétrer ses émissaires éhontés. On les dévoile aujourd'hui : ils se retirent avec l'infamie et l'or qui la suit; ils font courir un libelle qui traite d'impostures les cruelles vérités dont on les accable, déplorent le sort des hommes honnêtes comme eux, et reparaissent plus forts d'astuce, d'impudence, et cuirassés d'audace.

Ne souffrez pas sur-tout, Français, à qui la liberté est chère, que de lâches mandataires vendus aux tyrans osent proroger la durée de l'assemblée nationale au-delà de deux ans ; frappez aussi de votre indignation, improuvez de toutes les forces de la raison, ce décret qui permet aux membres des législatures suivantes d'être réélus avant deux ans d'interruption ; cette interruption est nécessaire pour rompre toute espéce de concordat avec le pouvoir exécutif.

Qu'a-t-on voulu éviter en changeant les membres de l'assemblée nationale de deux ans en deux ans? On a voulu éviter les coups funestes, la coalition de la tyrannie et de la corruption. On ne peut jamais se dispenser de les changer tous, aprés chaque législature, sans un attentat contre la nation. Le renouvellement en entier sauvera peut-être la liberté ; je réclame en son nom l'exécution du décret qui l'ordonne : je voudrais même qu'on la renouvelât d'année en année, comme le demanda un vrai représentant du peuple.

Quand on a investi un roi de tant de moyens de corruption, de tant d'or, de l'hérédité, de l'inviolabilité, si tyranniques, si absurdes, on ne saurait mettre à cette masse énorme de pouvoirs de contre-poids trop forts ; on ne saurait lui opposer de ressorts trop puissans ; et l'hérédité les brisera, si on n'anéantit cette prérogative, la première cause de la servitude ; cet outrage, ce forfait antique, ce vol impie des droits sacrés des peuples.

Quarante millions ! Pourquoi faire ? Pour avoir des ministres, des généraux bien corrompus, qui compromettent le salut de la patrie ; qui vendent son salut, sa sûreté ; pour payer des calomniateurs des plus heureuses institutions. Il n'y a pas jusqu'à un Foucaut qui osa, dans son risible et absurde délire, crier en pleine assemblée, qu'il fallait détruire la société des amis de la constitution, séante aux jacobins. Où as-tu donc pris, Foucaut, tant de puissance? Où as-tu donc pris que ta volonté bizarre, ennemie, individuelle, que ta volonté d'énergumène, suffise pour détruire une institution que la volonté publique a établie, que l'opinion de la majorité de la nation soutient, que le vœu général maintiendra, en dépit des gangrenés qui te ressemblent, sur qui repose, en partie, le salut de l'état? Ton effréné désespoir, ta rage impuissante, suffit pour prouver que toutes ces sociétés de citoyens, de frères, d'hommes, répandues dans tout l'empire, sont le vaisseau qui, au milieu des vents et des orages, sauvera la liberté.

Ignores-tu, toi, qui veux détruire, que si tu siéges encore dans l'assemblée avec tes adhérens, ce n'est que par une confusion de tous les pouvoirs? Ils ne sont, comme toi, que des représentans de corps anarchiques, que le temps, la philosophie, la puissance souveraine des peuples a frappés, a détruits : mais j'espère que, dans la prochaine législature, il n'y aura plus de Foucaut, et qu'une des premières motions qui y sera faite, sera pour réduire la liste civile des trois quarts, au moins ; ou il faut s'attendre à une lutte éternelle entre les enfans de la patrie, de la liberté, et les esclaves payés par des tyrans.

CHAPITRE XII.

Du décret des 3 et 6 mars pour compléter les corps administratifs.

Ce décret n'est pas le dernier, mais un des plus effrontés coups d'audace qu'ait voulu porter à la liberté le comité de *ruine*, dit de constitution. Jamais d'impudens charlatans n'ont marché, enseignes déployées, comme ses membres gangrenés, comme les membres de l'antre, où d'indignes cyclopes nous forgent des fers, allument la foudre qui doit les écraser, eux et leurs descendans.

Car, ne vous y trompez pas, oppresseurs, si le despotisme parvenait à rallier ses forces, que nous briserons comme vos décrets, vous seriez ses premières victimes ; il se ressouvient des coups que vous lui avez portés, dans un temps où ses ressources n'avaient pas signalé votre défection ; il frapperait en vous des ennemis qu'il n'a pu arrêter qu'avec des chaînes d'or, et de lâches déserteurs de la cause du peuple, que vous avez d'abord défendu, et que vous avez ensuite trahi, vendu. Il vous hait, il vous méprise.

Quand ce serait de lâches contre-révolutionnaires, quand ce serait les vils satellites d'un despote, qui espèrent partager avec lui les débris de la liberté, ils n'auraient pu faire de consécration plus impie de leurs funestes principes; ils n'auraient pu faire un tel abandon de toute pudeur, un plus lâche désaveu de la morale, un oubli plus coupable des principes de toute constitution; ils n'auraient pu commettre de crime plus irrémissible contre la liberté; ils n'auraient pu décréter autrement l'esclavage et l'anéantissement des droits sacrés du peuple. On peut dire que les conjurés de l'assemblée nationale dédaignent maintenant de se couvrir : ce n'est plus du fatras monarchique dont ils s'enveloppent, ce sont des conjurés qui marchent leur plan de conspiration à la main. Mais, ministres d'un despote, indigne comité, réponds. Ou tous les membres qui te composent sont les plus ignorans des Français, ou les traîtres les plus consommés; et dans l'un ou l'autre cas, indignes de leur donner une constitution. Les loix que tu as l'audace de leur proposer sont couvertes de haine ou de mépris; et garde-toi de croire qu'elles puissent jamais être ratifiées.

Je ne suis pas surpris d'un comité ; mais comment l'assemblée nationale laisse-t-elle usurper ses droits ? Comment laisse-t-elle vendre ceux du peuple au pouvoir exécutif ? Comment l'assemblée nationale se laisse-t-elle dépouiller par quelques conjurés ? Comment, par un retour perfide, le comité donne-t-il une organisation nouvelle aux corps administratifs, sous le nom de complément ? Les administrés se plaignaient-ils de leur insuffisance ? Leurs cris, leurs plaintes prouvent assez l'improbation universelle contre les ressorts tyranniques que vous y avez ajoutés ; vous deviez les attendre, et non vouloir renouer nos chaînes aux pieds du despote. Mais j'avertis le pouvoir exécutif qu'il perd et son or et ses peines ; que tous ces décrets oppresseurs seront brisés, seront foulés aux pieds avec mépris par la nation indignée ; que la patrie, que la liberté vivront ; que cette révolution est unique dans les annales des peuples ; qu'elle est le fruit des lumières de la philosophie, qu'il ne lui reste qu'à se résigner, et à consommer en paix ce que la nation veut bien lui accorder ; qu'il n'acquerra que des malheurs par la résistance ; qu'il peut faire couler du sang, et non en tarir la source :

que si son trône est ébranlé, il peut, tel qu'il est, durer encore quelque temps, et qu'un instant d'imprudence peut le faire écrouler pour jamais.

Louis XVI, si tu écoutes les perfides conseillers qui t'environnent, tu joues ton sceptre et ta couronne contre des malheurs épouvantables ; résiste, et reste parmi nous. C'est un citoyen, c'est un homme individuellement ton égal, qui te donne cet avis, le meilleur que tu ayes reçu ; c'est un membre du souverain ; et songe que tu as renoncé à cette qualité, pour prendre celle de son agent.

On croiroit que les corps administratifs n'étaient point organisés, à entendre le comité de constitution, et cependant la machine était en mouvement, et roulait au gré des citoyens libres ; mais par une collusion criminelle on a voulu fourrer le pouvoir dit exécutif dans cette machine, qui allait bien sans son intervention, et dans laquelle il amenerait nécessairement des désordres despotiques, si l'assemblée nationale ne s'appercevait enfin qu'il a déjà usurpé ses droits par ce décret oppresseur. Car quel doit être le centre où doit tendre toute l'administration, si ce n'est à elle, si ce n'est dans son sein, si ce n'est au corps législatif qui peut seul interpréter ses loix, en ajouter de nouvelles, s'il est nécessaire ; mais ce n'est pas le compte du funeste pouvoir exécutif, qui veut tout opprimer, qui veut tout envahir, législation et exécution ; ce n'est pas le compte des avares et prodigues membres du comité.

Jusqu'à quand, imprudens, insensés législateurs, faudra-t'il vous avertir du danger qui vous menace vous-mêmes ? Vous ne voyez donc pas que le despotisme, à peine détruit, s'est relevé à la faveur des millions que vous lui avez donnés, a tout contaminé ; comités, directoires, départemens municipalités ! Par quelle fatalité avez-vous élu les membres de ces comités pour tout le temps de la législature ? par quelle raison n'en renouvelez-vous pas un tiers tous les trois mois ? Ignorez-vous qu'une mutation fréquente rendrait leur collusion avec le pouvoir exécutif presque impossible ? Ignorez-vous que tout pouvoir doit être limité en intensité et en durée, si l'on ne veut qu'il ne se fasse des concordats destructeurs de la liberté ? Si vous l'ignorez, vous êtes indignes de la confiance dont la nation vous a honorés ; si vous ne l'ignorez pas, comment avez-vous pu forfaire à ces principes éternels? Ignorez-vous qu'on peut, par une perfidie consommée et réfléchie, faire illusion à la bonne-foi? Ignorez-vous qu'un décret important ne devrait être jamais porté qu'après que l'opinion publique, qui est celle de la majorité, se serait manifestée.

Quoi! le pouvoir exécutif n'a pas assez de surveiller nos rapports étrangers, nos rapports de commerce, d'intérêts avec les autres empires; il n'en a pas assez de veiller à la conservation de nos rapports politiques avec les autres nations; il n'en a pas assez de la marine, des troupes de ligne, des préparatifs en cas d'attaque; il n'en a pas assez de veiller à la conservation de nos colonies, de nos îles de l'Amérique, de la mer des Indes. etc. etc. Il faut qu'on lui donne encore une influence directe et terrible sur l'administration de l'intérieur du royaume, sur tous les biens de la nation, sur le recouvrement des fonds publics, sur la levée des impôts. etc. etc. A-t-on donc oublié que tant de ressorts sont les armes des tyrans, dont ils oppriment, enchaînent les citoyens?

A quel but donc mettre dans les mains du roi tant de pouvoirs? Avez-vous peur qu'il ne vous réasservisse pas assez tôt? La liberté vous fait-elle ombrage? vous-a-t-elle déjà plus fatigués que quatorze cents ans de servitude et d'outrages? S'il est ainsi, obéissez, citoyens, au lâche décret des 3 et 6 mars dernier; mais si la liberté vous est chère, rejetez ce crime de haute trahison contre la patrie; frémissez et lisez les articles 27; 30, 31, 35 et 36, et voyez avec quelle audace et quelle perfidie on vous livre pieds et main liés au pouvoir exécutif, comme on vous abandonne, pauvres Français, à la volonté, à la barbarie d'un despote.

Enfin, après avoir consommé la ruine de la liberté par ce décret funeste, les dignes pères de la patrie, livrent les clefs du trésor public à ce pouvoir, qui a tant de fois déjà mis la France au bord de l'abîme par ses dilapidations et ses scandales.

Quoi! par une coalition sacrilége du ministère et du comité de constitution, on paralysera les municipalités et les autres corps administratifs pour rendre le mouvement terrible à ce pouvoir oppresseur, que la révolution avoit arrêté! Quoi! ce n'est pas assez d'avoir fait stagner cette révolution, on veut la faire rétrograder, on veut l'anéantir! Ah! grand Dieu! que de crimes contre la nation!

Tant que le pouvoir exécutif aura tant

de millions à prodiguer, on doit s'attendre que la liberté sera dans un danger imminent, ou n'existera pas; ou bien plus certainement tant qu'il y aura un pouvoir suprême héréditaire.

Extremun quod te alloquor, hoc est.

CHAPITRE. XIII.

Des gardes nationales.

JE suis furieux toutes les fois que je vois les gardes nationales, non pas contre elles, mais contre le funeste pouvoir qui oblige tant de braves gens, tant d'hommes utiles, à quitter leurs charrues, leurs ateliers, leurs comptoirs, et leurs travaux de première nécessité pour s'opposer à ses entreprises, à ses usurpations toujours renaissantes. Car contre qui s'est faite cette insurrection vertueuse qui a mis les armes à la main de tous les Français ? C'est contre le despotisme, contre la tyrannie intolérable du pouvoir exécutif.

Bons Gaulois, vous croyez qu'il ne vous coûte qu'environ trente à trente-cinq millions par année ; il vous en coûte plus de cent, plus de deux cents, plus de trois cents, et de bien perdu pour jamais. Un calcul à la portée d'un enfant va vous convaincre de cette masse énorme de dépense. Il y a trois millions six cent mille gardes nationales actuellement existantes dans le royaume : posons qu'il n'en a coûté, chaque année, l'un portant l'autre, en habits, armes, temps perdu et irréparable, que cent livres par chaque soldat de la patrie ; je n'aurais pas de peine à prouver que cela coûte plus du double, plus de trois fois autant. Mais suivons notre calcul de cent livres par chaque individu, nous aurons une somme de trois cent cinquante millions que l'état perd sans ressource : et si cette somme de cent livres est double et triple, comme on n'en peut douter, nous aurons plus d'un milliard par année de perdu, plus d'un milliard de richesses réelles, et non fictives. Si vous joignez à cette perte physique, que les facultés morales s'altèrent, se dépravent dans ce métier, qui tend toujours de son côté à l'oppression ; que nous serions libres, contents, à l'abri de la loi dans l'interieur du royaume, tandis que deux cent mille hommes garderaient nos frontières, si ce pouvoir tyrannique n'existait pas : vous conviendrez qu'il nous fait des maux incalculables, et qu'il faut être aveugle né pour le conserver.

Il faut donc être réduit à dépenser inutilement cette somme énorme, ou à rester toujours sous le glaive de la tyrannie ; joignez-y le sang de l'homme déjà versé ; exécrable démence, qu'on répande le sang de ses semblables, parce que quelques odieux satrapes et leur chef veulent rester dans une place qui n'appartient qu'à la nation, qui doit nécessairement la diviser.

On dira, il faut diminuer le nombre des gardes nationales : proposition perfide et impolitique. Si trois millions peuvent à peine lui resister, à l'aide de tous les ressorts dont nos législateurs l'ont armé ; si malgré cette masse étonnante de forces réunies, il opprime encore la liberté, que sera-ce lorsqu'elle sera diminuée, lorsque l'enthousiasme sera ralenti ? Il accablera la nation, lui remettra un joug de fer ; et cette génération n'aura eu que des malheurs pour prix de ses efforts, sans procurer un seul degré de plus, un seul instant de bonheur à ses descendans. Le despotisme couvrira avec effroi cette terre où l'on put, où l'on dut l'exterminer.

Il n'y a, je le répète, que deux moyens pour éviter tous ces maux ; rendre le pouvoir exécutif éligible, amovible de deux ans en deux ans à chaque législature, ou, ce qui vaudrait cent fois mieux, l'anéantir.

Eh ! qui ne ne sait que ce sont tous ses efforts qui enhardissent les conspirateurs, et ruinent la liberté ?

J'espère que le législateur ne tentera pas de l'anéantir, ou plutôt je ne l'espère pas,

en

en mettant sous sa main barbare un corps formidable que ses excès intolérable sont forcé d'élever contre lui; mais ce que j'espère fermement, c'est qu'il n'obéira pas à la lâcheté de ce décret nul, parce qu'il anéantirait la liberté, et que les législateurs ne doivent faire que des actes conservateurs de cette liberté.

Je dénonce, comme traître à la patrie, le digne député d'un tyran qui tente ou tentera de le faire déclarer chef des gardes nationales; cette déclaration serait l'attentat le plus insensé, le projet le plus infernal, serait la consécration impie du plan des conjurés.

Qu'il soit, si l'on veut, le chef fictif et imaginaire de la révolution, qu'il soit même *le restaurateur de la liberté*, mais sur-tout que les gardes nationales restent indépendantes de sa volonté. Elles n'ont pas pris les armes pour être des marionnettes dont un jongleur ferait, sous son nom, mouvoir tous les ressorts.

Je vois avec scandale le général aller prendre des ordres du pouvoir exécutif: il n'en a point à recevoir de lui; c'est une contradiction qui mène à de terribles conséquences. Prendre l'ordre de celui contre lequel une troupe qu'on a l'honneur de commander a été levée, être général populaire et royal, est une inconséquence impardonnable ; le général n'a d'ordre à recevoir que du peuple ; ou le général populaire n'est qu'un satellite du despote.

Il faut que la royauté, telle qu'elle est déterminée, périsse, ou qu'il n'y ait plus de citoyens, ou qu'il n'y ait plus que de lâches bourgeois, des esclaves tremblans et stupides, de vils cyclopes tout noircis de la foudre de leur maître, de leur dieu exterminateur.

Mais Français, hommes, citoyens, consolons-nous ; je suis convaincu que le despotisme, ou la monarchie, car cela est égal, périra ; on veut retarder sa chute, on la rendra plus terrible. On engage un combat à forces inégales ; d'un côté est la raison toute-puissante, la justice, la morale, sont les droits invincibles de l'homme ; de l'autre, est l'audace effrénée des brigands, l'usurpation, le vol sacrilége, le vol à main armée, les barbaries antiques, successives, l'avilissement des peuples égaux à leurs tyrans par la nature ; des chaînes brisées par la philosophie, dont on voudrait renouer les horribles anneaux ; les meurtres, les assassinats publics sur les grèves, dans les ténèbres, les funestes lacets, les poisons employés dans les cachots, toutes les horreurs dont l'histoire a déjà esquissé une partie, voilà les titres de nos tyrans. Il faut voir si la nature sera toujours vaincue par le désaveu, l'abandon, le mépris audacieux de ses loix! Non, non, tyrans, votre règne est passé, il faut obéir au sort ; vous ne ferez, par votre résistance, qu'accroître vos désastres mérités ; vous ne ferez qu'acquérir le malheur, et vous descendrez au dernier degré. La lumiére a percé l'abîme où vos forfaits graduels, successifs, héréditaires, se dérobaient ; aujourd'hui vous êtes à decouvert devant les peuples indignés, devant cette nation généreuse que vous aviez avilie, qui vous juge et vous condamne. Non, rois, non, tyrans, vous n'êtes plus inviolables ; on ne voit plus en vous, individuellement, qu'un mandataire, qu'un fonctionnaire public. Eh! c'est devant l'agent de la nation, que des hommes, des Français, nos législateurs, sont encore à genoux, couchés dans la poussière, pour le remercier, sans doute, de nous avoir opprimés, enchaînés, asservis, tyrannisés, de nous avoir ruinés, saccagés, assassinés depuis quatorze cents ans. Les représentans de vingt-cinq millions d'hommes courbés devant un homme, est un avilissement dont les autres législatures nous vengeront. Le législateur, celui qui propose des loix ; *supplier* celui qui est impérieusement chargé de leur exécution, est une abnégation de tout sentiment, est une bassesse dont on n'est pas assez indigné ; le président de l'assemblée nationale, *se retirer pardevers le roi*, *etc.*, est un excès ridicule de dépravation monarchique, de dégradation publique. Jusques à quand, enfans caducs et décrépits de la nature, esclaves qui parlez de liberté, automates qui ne marchez qu'accablés sous le poids de vos chaînes, qu'à la voix des préjugés les plus honteux, qui n'agissez que par l'ordre d'un simulacre, d'un fantôme revêtu par vos mains, qui ne voyez pas les plaies sanglantes dans lesquelles sont enfoncés les fers dont vous êtes chargés ; jusques à quand, dis-je, faudra-t-il vous crier que vous êtes souverains ? Oui, souverains ; mais avilis, mutilés, dégradés du rang auguste que vous devez occuper ; qui méritez de l'être si vous restez plus long-temps dans l'abjection où l'on veut vous retenir ; si vous ne brisez totalement vos fers, et n'en accablez vos tyrans, vous êtes des aveugles nés, indignes de voir le jour qu'on vous présente ; vous êtes des forçats qui chérissez la galère sur laquelle vous êtes enchaînés : ramez en silence, adieu, je vous abandonne, en pleurant, à la barbarie de vos tyrans ; je vais chercher sous un ciel plus heureux, sur quelque plage inconnue, le repos, la paix de l'ame, et la liberté. Vous laisseriez egorger vos défenseurs, qui consument en vain leurs veilles, leurs jours, leur santé, pour vous éclairer. Eh! que leur revient il de leur dévoûment? La haine des tyrans et des esclaves, l'indifférence publique, l'estime de quelques hommes rares et isolés. L'espoir d'une ombre vaine de gloire n'adoucit pas leurs malheurs, les injustices, les coups d'autorité arbitraire dont on ose les menacer encore...... menacer, et non demander grace, menacer qui dit la vérité, dévoile les forfaits des tyrans antiques et nouveaux, menacer!...... Tremblez, citoyens, le jour de la servitude est préparé, est arrivé. Mais non, c'est le jour de la vengeance; c'est le jour de la liberté. Coupables, frémissez de rage et d'impuissance, vos attentats vont enfin se payer.

Concitoyens, vous n'êtes gardes que de la liberté; ennemis des tyrans, vous n'avez pris les armes que pour leur résister; si vous ne défendez la nation, vous n'êtes plus gardes nationales; vous avez perdu ce titre si beau; vous ne méritez plus que le nom de janissaires, aux ordres d'un tyran; vous n'êtes plus que des esclaves corrompus.

Vous êtes parjures au serment solennel que vous avez fait, de n'employer vos forces morales et physiques que pour la servir. Je n'entends plus rien à vos fonctions; vous êtes dégradés du rang sacré de gardiens de la souveraineté de la nation, qui est la vôtre; vous n'êtes plus que des gardes monarchiques, *des gardes du roi ;* c'est-à-dire, qu'au lieu de vous garder, de garder vingt-cinq millions d'hommes semblables à vous, vos frères, vos concitoyens, vos égaux, vous vous transformez en satellites d'un despote; c'est-à-dire, qu'au lieu de gardes du souverain, vous prenez celui de gardes de son mandataire. Choisissez; d'un côté est la nation, est le souverain ; de l'autre est son agent, est le roi. Mais le choix ne peut être douteux pour des hommes qui veulent la liberté ou la mort.

Je sais qu'il est parmi votre fière élite, qu'il est parmi vous une race abâtardie, qui préfère garder le bras de fer qui l'enchaîne; qui préfère de garder un despote, un roi, un tyran, à l'honneur de lui résister; qui préfère de ramper sous un maître, plutôt que de mêler ses fiers accens à la voix du souverain qui lui commande d'obéir. Ce n'est pas pour ces êtres avilis, gangrenés que je me donne la peine d'écrire, mais c'est pour vous, chers concitoyens, braves amis, qu'un joug d'airain avait courbés; qui, fiers et généreux, mais trompés encore, aveuglés, mais cherchant le jour, marchez d'un pas incertain vers les grandes vérités de la nature.

Frères, n'allez pas, comme des brutes, renoncer au plus beau don que l'homme reçut d'elle; n'allez pas renoncer au droit qu'on ne peut dépouiller sans un excès d'avilissement; n'allez pas renoncer au droit de raisonner: on ne peut, sans une tyrannie imbécille et intolérable, vouloir vous l'enlever. Ce privilége sacré est inhérent à votre être; sans lui l'homme n'existe pas.

Votre sort est bien différent de celui des troupes de ligne: asservies à des loix que la nécessité de la discipline rend plus impérieuses que celles auxquelles vous vous êtes volontairement soumis, elles doivent obéir au chef qui leur commande, au nom de la loi qu'elles ont juré de garder. Les soldats doivent lui obéir, non pas aveuglément; car s'il leur ordonnait d'exécuter une manœuvre qui parût au corps entier contraire au bien de l'état; qu'il leur ordonnât de ne pas tirer sur l'ennemi qui fondrait sur eux; s'il leur ordonnait de se laisser impitoyablement égorger, loin qu'ils dussent se rendre à des ordres si barbares, ce serait un devoir pour eux de désobéir. Si un chef gangrené, si un scélérat de général leur ordonnait de faire feu sur leurs amis, leurs concitoyens, sur leurs frères, on ne peut douter de leur désobéissance sacrée; ils en ont donné la preuve, et la patrie leur doit son salut.

Si les troupes de ligne peuvent se permettre de raisonner sur les ordres du chef qui les commande; s'il est des cas où leur désobéissance, où leur refus soit un devoir, soit vertueux, à plus forte raison, combien les gardes nationales doivent-elles faire usage du don précieux de la raison; se garder d'obéir au traître qui commanderait aux citoyens armés le massacre des citoyens désarmés: aujourd'hui ils assassineraient, demain ce serait leur tour d'être assassinés, et nos lâches tyrans riraient au milieu du carnage, au milieu de la patrie déchirée par ses enfans.

Le peuple est juste; en vain on le calomnie; ses égaremens sont rares, passagers, et impossibles de la masse totale du peuple: il ne se porte à des excès qu'après qu'on a irrité, lassé sa constance ; qu'on a méprisé, foulé aux pieds ses droits ; ses ressentimens, ses vengeances sont quelquefois terribles, comme les outrages ; mais, tyrans, ne vous en plaignez pas, vous êtes à son égard, depuis des milliers d'années, inexorables, barbares, sans pitié ; c'est vous, tigres, impitoyables, qui avez été ses bourreaux, il n'est pas de maux physiques, il n'est pas de malheurs dont vous ne l'ayez accablé. Ah ! si ce peuple était plus juste, était aussi cruel que vous avez été barbares, lâches conjurés, traîtres, conspirateurs, vous tous ses ennemis, ses tyrans, des exemples terribles, sanglans, et innombrables, auraient signalé sa puissance, et cimenté la paix de l'empire.

Cher et malheureux peuple, il ne te reste qu'un moyen ; brise une seconde fois les chaînes dont on t'accable, si tu n'obtiens justice à la seconde législature : tu es tout, tu peux tout, toi seul es toujours juste : voilà tes droits, voilà tes titres. Mais comment ces vérités antiques et éternelles, t'ayant été annoncées dans tous les temps par quelques sages, ont-elles pu t'échapper, ont-elles pu s'effacer ? Problème dont l'ignorance, fille de la tyrannie, offre la solution.

Quand l'imprimerie n'existait pas, ou était

inconnue de nous ; quand le génie était isolé, qu'il ne pouvait s'électriser par le défaut de communication, qu'il n'y avait pour tous livres que quelques rapsodies évangéliques, sur-tout après l'irruption des barbares sortis des glaces du nord, après leur invasion dans Rome et dans la Grèce, tous les livres, toutes les sciences disparurent ; après que ce vaste amas de connaissances fut perdu pour jamais dans l'incendie malheureux de la bibliothéque des Ptolomées, dans cet incendie, l'opprobre èternel des barbares Musulmans.

Ces causes réunies grossirent la masse de l'ignorance ; c'est une des causes la plus grave de la servitude : mais aujourd'hui que les lumières se communiquent avec une célérité presque incroyable par cet art admirable, par l'imprimerie, dont l'absence a causé les infortunes immémoriales du genre humain ; mais aujourd'hui qu'elle est connue, la nature, lasse de nos malheurs, a fait cet effort pour nous consoler et les réparer.

A présent que les Français ne sont plus de durs *cicambres*, ou de malheureux Gaulois, j'espère que nos braves gardes nationales resteront sous les armes, tant que le despotisme pourra renaître, tant que la tyrannie pourra nous réasservir ; c'est-à-dire, tant que le pouvoir exécutif sera héréditaire, et non limité à un espace de deux ans, tant qu'on le nommera chef suprême de toute autorité. Il ne doit point y avoir de chef suprême dans tout état bien organisé. Tous les pouvoirs doivent se rivaliser, se balancer, et par conséquent se surveiller réciproquement, et rendre l'usurpation impossible. Point de millions à un fonctionnaire public ; c'est avec l'or de la patrie qu'il asservit, enchaîne la patrie ; ces vérités sont, pour quiconque réfléchit, aussi claires que le jour.

J'aime à croire que des gardes citoyennes, placées entre la patrie et ses tyrans, ne nous réduiront pas à la cruelle nécessité de déployer l'énergie, la puissance irrésistible d'une nation fière, libre et intrépide.

Faquins atroces, qui vous disiez titrés, tout fiers de descendre d'un brigand, dont encore vous n'étiez que les bâtards, on ne lit dans vos annales que l'histoire effrayante de vos crimes, défigurés, travestis en vertu par des faussaires, par des esclaves, par des moines, des scélérats compilateurs ; on n'y voit que le brigandage, la perfidie, le meurtre préconisés, et les droits sacrés de l'homme méconnus, outragés, foulés aux pieds. On ne voit depuis trois mille ans, depuis qu'*Athènes*, *Sparte*, *Lacédémone* et *Rome* ont disparu, depuis que les *éphores* et les *tribuns* du peuple ont été écrasés sous l'effort impie des tyrans; on ne voit, dis-je, l'Europe, la terre partagée qu'entre cinquante ou cent brigands couronnés qui l'ont désolée, ravagée, incendiée, couverte de sang et de larmes.

Oui, je le dis, je le répète, il faut, il est temps que le peuple se réveille, qu'il se ressaisisse des droits souverains, que des outrages, que des tyrans, que des forfaits innombrables et accumulés lui ont ravis. En vain, dans des discours fastueux on parle des droits du peuple, on renoue, on soude, on rive ses fers, des comités scandaleux, d'avares conspirateurs l'écrouent dans l'antre du despotisme en lui parlant de liberté.

CHAPITRE XIV.

Du Serment des gardes nationales.

Braves soldats de la patrie, vous avez juré de soutenir la constitution, ressouvenez-vous, gardez bien votre serment ; je vous en conjure au nom de la liberté, qui vous est chère comme à moi, je n'en puis douter.

Vous avez donc promis, vous avez donc juré de défendre la constitution ; eh bien ! unissons toutes nos facultés physiques et morales pour son soutien, pour sa défense ; mais ne défendons qu'elle. Défendons tout ce qui constitue l'empire, tout ce qui tend à maintenir les droits de l'homme et du citoyen ; mais repoussons de toutes les forces de notre ame mille décrets scandaleux, tyranniques, lâches et serviles ; mille décrets qui, tant qu'ils existeront, s'opposeront à la confection de toute constitution. Vous n'avez pas juré de renoncer au plus beau droit de l'homme, au droit de raisonner, de ne vous rendre qu'à ce qui porte l'empreinte éternelle du jugement, de la morale ; ou vous auriez fait un serment d'insensés, un serment nul. Vous n'avez pu entendre autre chose que de vous conformer à la raison, quand vous avez juré, et l'on n'a pu prétendre autre chose; il ne peut exister de tyran assez dépravé pour exiger davantage, pour vouloir vous lier par un serment qui, s'il était observé, vous replongerait dans l'opprobre dont vous sortez, vous remettrait sous les chaînes dont vous écrasaient vos tyrans. Ce serment serait un parjure une fraude barbare, qui n'a pu vous dépouiller de vos droits inaliénables. La raison est aussi inhérente à votre être moral, comme la faim est le résultat de votre organisation physique.

On n'a pu exiger de vous une obéissance de brutes, une obéissance qui avilit l'esclave et le tyran; on ne peut exiger d'un être raisonnable, qu'une obéissance raisonnée. Vous devez donc réfléchir, raisonner sur ce qu'on prétend de vous: la raison est avant les décrets. Obéissez à ce maître incréé, et n'obéissez qu'à lui; ou vous êtes des êtres plus abjects que le sauvage qui adore une fétiche, un serpent, un rocher.

Comment avez-vous pu jurer de maintenir ce que vous ne connaissiez pas, ce qui n'existait pas encore ? Comment avez-vous pu jurer de maintenir ce qui vous dépouillait, vous asservissait plus que jamais, ce qui décrétait la servitude ? Il faudrait être fou à lier, pour se croire obligé par un pareil serment, quand même vous auriez cru alors lui donner toute la latitude à laquelle prétendent vos tyrans : il n'est point de prescription contre la raison, contre les loix sacrées de la nature; on rentre dans tous les instans dans ces droits inaliénables.

Je sais qu'il ne tiendrait pas à vos guides perfides de vous mettre un bandeau sur les yeux, pour vous conduire en aveugles insensés, et employer toutes vos facultés à ressouder les anneaux des fers que vous avez rompus, et dont ils tentent de vous réaccabler. Non, non, les mains généreuses de la patrie ne serviront point à enchaîner la patrie, à l'assassiner. Je vous le répète, braves soldats, chers concitoyens, dans tous les cas votre serment est nul, et n'engage que des ignorans, des êtres pusillanimes, des êtres avilis, des forçats condamnés à mourir attachés à la rame.

Votre premier serment est d'être libres, la formule de celui-là n'a pas besoin d'être décrétée ; ce serment tacite a été prononcé, a été entendu depuis Paris jusques sur la côte de Coromandel, et dans un autre hémisphère. Vous y serez fidèles, vous repousserez tout ce qui tend à vous le faire enfreindre.

Législateurs, grand rétheurs de l'assemblée nationale, que votre longue formule de serment est mesquine et puérile! « Nous jurons (faites vous dire aux soldats) de » rester à jamais fidèles à la nation, à la loi » et au roi, et de maintenir de tout notre » pouvoir la constitution décrétée par l'assemblée nationale, et acceptée par le » roi ». Quelle pitié! Ce n'est pour ainsi-dire, dans cette première partie, que du fatras monarchique; et puis vous ajoutez, pour comble de ridicule, cette formule si pauvre, si indigente: « et de protéger, conformément aux loix, la sureté des personnes et des propriétés, la circulation » des grains et des subsistances dans l'intérieur du royaume, la perception des contributions publiques, *sous quelque forme* » *qu'elles existent*, et de démeurer unis à » tous les Français par les liens indissolubles de la fraternité ».

Apprenez, législateurs, qu'on ne noie pas une grande idée dans une amplification, dans

dans un galimathias digne d'un écolier ; que ce n'est pas ainsi qu'on jurait dans Athènes, dans Sparte et dans Ro e. *Nous jurons de rester à jamais fidèles à la nation*, dit tout. Ce serment est obligatoire par sa force éternelle ; pour y être fidèles, amis, soldats, concitoyens, défendons la constitution, c'est-à-dire, tout ce qui constitue l'empire, tout ce qui assure les droits sacrés du peuple, tout ce qui établit la liberté, et non des décrets assis sur sa ruine. On peut en avoit mil'e, et n'avoir pas une loi ; prenez pour guide la déclaration des droits de l'homme ; défendez cette déclaration immortelle, c'est là notre constitution, et non des décrets que des intérêts lâches et individuels ont dictés : voilà ce que vous avez juré de maintenir ; voilà votre serment solennel, voilà ce qui fait pâlir les oppresseurs, voilà les bases sur lesquelles reposent la liberté et le salut de l'empire ; voilà, je le répète, l'atelier où se forgeront les armes qui vaincront nos tyrans.

CONCLUSION.

Reconnoissance indéfinie de la puissance du peuple.

Ratification par lui des projets de loix

qu'on lui donne, qui, dans les cas urgens, auront une exécution provisoire.

Nomination par lui de tout agent d'une partie de son pouvoir, dans la paix et dans la guerre.

La nation ne reconnait point de chef suprême.

Elle doit mettre au contraire beaucoup de division dans ses pouvoirs, afin qu'ils se balancent, se surveillent, et rendent l'usurpation impossible.

Le président de l'assemblée nationale n'est point le président de la nation, il ne l'est que de ses représentans.

Un seul pouvoir exécutif n'est qu'un mot, n'est qu'une fiction; mais la fiction a toujours mené à une masse horrible et intolérable d'autorité, d'abus, d'excès, d'audace, de scandales et de crimes.

Division établie par le droit, comme elle l'est nécessairement par le fait.

Exercice d'un an, ou de deux tout au plus, dans toute portion de pouvoir. Responsabilité de tout fonctionnaire public.

Dans un état bien ordonné, la loi ne protége pas.

La loi ne veille que sur l'infraction qu'on y fait, et alors elle punit sans distinction.

La loi doit commander l'obéissance par sa propre force ; pour cela, il faut que la morale en soit la base.

On ne peut ordonner la soumission à une loi ; il faut qu'on en voie la bonté, la nécessité, pour y être soumis ; autrement, ce n'est point la loi qui commande, c'est son fantôme que font mouvoir des tyrans.

FIN.

TABLE DES CHAPITRES.

Fin de la Table.

www.ingramcontent.com/pod-product-compliance
Ingram Content Group UK Ltd.
Pitfield, Milton Keynes, MK11 3LW, UK
UKHW012028240726
13965UKWH00002B/633

9 782013 459563